厚德博學
經濟匡時

青年学者文库

中国税制改革

"营改增"引导上市公司投资结构
"脱虚回实"的机制研究

高伟生 著

The Reform of China's Tax System
A Study on the Mechanism of
"Replacing Business Tax with Value added Tax"
to Guide the Investment Structure of Listed Companies to
"get out of the virtual and return to the real"

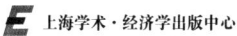

上海财经大学出版社
SHANGHAI UNIVERSITY OF FINANCE & ECONOMICS PRESS

上海学术·经济学出版中心

图书在版编目(CIP)数据

中国税制改革:"营改增"引导上市公司投资结构"脱虚回实"的机制研究/高伟生著.—上海:上海财经大学出版社,2024.5
(匡时·青年学者文库)
ISBN 978-7-5642-4351-7/F·4351

Ⅰ.①中… Ⅱ.①高… Ⅲ.①税收改革-研究-中国
Ⅳ.①F812.422

中国国家版本馆 CIP 数据核字(2024)第 066391 号

□ 责任编辑　刘晓燕
□ 封面设计　张克瑶

中国税制改革
"营改增"引导上市公司投资结构
"脱虚回实"的机制研究

高伟生　著

上海财经大学出版社出版发行
(上海市中山北一路 369 号　邮编 200083)
网　　址:http://www.sufep.com
电子邮箱:webmaster@sufep.com
全国新华书店经销
上海华业装潢印刷厂有限公司印刷装订
2024 年 5 月第 1 版　2024 年 5 月第 1 次印刷

710mm×1000mm　1/16　10.75 印张(插页:2)　154 千字
定价:68.00 元

前　言

改革开放40多年来，中国经济增速迅猛、总量急剧扩张，2010年GDP首次超过日本，一跃成为世界第二大经济体。在快速发展的同时，中国经济同样面临艰难挑战，尤其在2008年全球金融危机后，大规模刺激政策给中国经济留下诸多"后遗症"。其中宽松的货币政策释放大量流动性，造成了虚拟经济爆发式增长，而实体经济却面临成本上升、利润下滑、投资增速疲软等难题，导致宏观经济结构失衡的局面日益严峻，并逐渐成为阻碍中国经济高质量发展的樊篱。聚焦到微观企业，经济结构失衡表现为实体企业的投资流向收益率高的金融领域，而对实体经济的投资规模却大幅下降，产生投资结构的"脱实向虚"，这一结构性矛盾对中国经济的健康发展危害极大。宏观层面上，资本过多流向金融领域，会造成泡沫膨胀，触发一系列系统性金融风险，导致经济领域的生产、流通、分配、消费整体循环不畅；微观层面上，企业过分依赖金融投资容易产生路径依赖，抑制技术创新能力，阻碍企业的转型升级和高质量发展。实体经济与虚拟经济发展失衡的矛盾，曾一度被快速扩张的经济总量和飞快的经济增速所掩盖，但随着新常态不可避免地到来，经济增速降档，这一结构性矛盾对经济造成的诸多危害开始凸显，并日益严峻。

供给侧改革是顺应中国经济从高速发展向高质量发展阶段转换的综合性改革，改革内容中一个重要的目标就是要"调结构"，党的十九大报告中则明确指出中国未来"调结构"的重点内容之一是要发展实体经济，遏制宏观经济的"脱实向虚"。在一揽子的改革措施中，"营改增"是在供给侧改革中发挥重要作用的财税改革，有增有减的结构性减税对于调整经济结构、提高供给质量具有重要意义。既有文献对"营改增"的研究大多聚焦于拉长产业链条、促进专业化分工、带动制造业转型升级和研发创新等,还极少有文献关注到"营改增"对企业投资结构"脱实向虚"的影响,忽略这一角度的研究,无法从学理和经验上给出"营改增"对宏观经济失衡是否具有调节效应的证据,也就无法评估这一结构性减税政策能否实现供给侧改革中调结构、促进经济高质量发展的目标。

"营改增"通过以下两个途径对服务业和制造业企业的投资结构产生"脱虚回实"的影响。一方面,对于服务业企业而言,"营改增"改变其为增值税纳税人,企业进行实体投资时,随着购入时获得的增值税发票可以抵扣,使得实体投资具有明显的降税效应,税后收益上升;而金融业由于与其他行业关联度非常小,企业进行金融投资时几乎没有产生可抵扣项目,从"营改增"中享受到的减税极其有限。因此,与金融投资相比,实体投资的相对收益具有上升趋势,两类投资的收益格局变化促使企业投资呈现"脱虚回实"的结构性调整;另一方面,对于制造业企业而言,"营改增"企业提供的应税服务主要作为制造业的中间投入,且由于金融业的高度独立性,这些中间投入主要进入实体投资中,因此"营改增"对制造业的减税效应也主要发生在实体投资中,税后收益的上升导致企业投资逐渐回归实体经济。进一步地,由于"营改增"还促进了地区间的产业分工,减税效应和价格水平下降促使非试点地区更倾向于购买试点地区的应税服务,因而"营改增"对企业投资结构的影响还随着抵扣链条的打通传递到非试点地区。基于此,本书从微观企业着手,从直接和间接两个角度,给出了"营改增"引导企业投资结构"脱虚回实"的经验证据,主要研究内容包括"营改增"对服务业企业投资结构的直接影响、对制造业企业投资结构产生的行业外溢性,以及对非试点地区企业产生的地区外溢性。具体而言,本书开展的工作包括以下几个方面:

首先,本书检验了"营改增"对服务业企业投资结构的影响。基于2009年到2015年上市公司中服务业企业的数据,本书利用双重差分模型实证检验了"营改增"对企业投资金融化的影响。以服务业企业为样本,非试点地区的样本不受政策影响,可以保证对照组的独立假设,排除地区外溢性对估计结果的影响。实证结果发现:试点企业的投资结构在"营改增"后,金融化水平明显下降,表明通过提高实体投资收益的税制改革能有效引导企业投资"脱虚回实",优化宏观经济结构。针对基础回归结果中可能出现的遗漏变量等内生性问题,本书分别进行了安慰剂检验和动态效应分析等,结果均稳健地支持这一结论。进一步的异质性分析显示,非国有企业投资结构的变化相对于国有企业更为敏感;高融资约束企业相对于低融资企业,在捕捉税制改革释放的红利时更为积极;竞争程度越高的企业随着税制改革而进行投资结构调整的意愿更强,主要的原因在于竞争程度越高的企业面临的生存压力越大;由于"营改增"的减税效应主要作用于资本投入,因此资本密集型企业比劳动密集型企业在"营改增"中的受益程度更高,投资结构呈现"脱虚回实"的效应也更为明显。

其次,本书从多个维度探索了"营改增"引起企业投资"脱虚回实"的中间机制。现有对企业投资金融化的理论解释主要包括逐利理论和"蓄水池"理论。相应地,如果"营改增"能够引起企业投资结构"脱虚回实",则说明这一政策至少对这些理论变量之一具有显著影响。另外,除了税收制度本身,征管因素也是影响企业实际减税效应的重要变量,"营改增"后,征管单位由原来的地税局改为国税局,征管执法力度的增强使得"营改增"后增值税的征收率有所提高,这会减弱"营改增"对企业投资结构"脱虚回实"的调整效应。因此,本书构建了相对收益、内部经营风险、外部经济环境不确定性与税收执法力度四个中介指标,利用中介效应模型进行了机制检验。结果显示,"营改增"能够显著改变金融投资收益和实体投资收益的相对平衡,逐利动机促使企业投资结构"脱虚回实";同时,"营改增"能够降低企业经营的不确定性,从而减少企业基于"蓄水池"动机进行的金融投资;"营改增"提高了地区的税收执法力度,而税收执法力度的提升会显著提高企业的金融投资水平,表明伴随税制改革产生的征收率水平的变化,会在一定程度上对冲"营改增"对企业投资结构调整的政策效果。

再次,本书考察了"营改增"对企业投资结构产生的行业外溢性。"营改增"改在服务业,但试点企业提供的产品和服务主要作为产业链中制造业的中间投入,"营改增"的减税效应以及由此引起企业投资结构的调整,会随着抵扣链条的打通,外溢到相关联的制造业企业。考虑到"营改增"会引起跨地区经营和价格机制的变化,如果在地区层面区分处理组和控制组,则会导致非试点地区企业因受到政策影响,而不满足控制组的 SUTVA 条件。因此本书区别于以往文献,以制造业中间投入与"营改增"行业的关联程度作为分组依据,如果中间投入中涉及"营改增"行业的,则设定为处理组,而不涉及"营改增"企业的为对照组,并利用双重差分模型检验"营改增"对制造业企业减持金融投资的引导效应。实证结果显示,"营改增"显著促进了产业链中制造业投资结构"脱虚回实",且中间投入中涉"营改增"行业的投入占比越大,投资结构的优化调整效应越明显。一系列稳健性检验与基础回归结果均保持一致。异质性分析发现,非国有企业、融资约束度较高的企业、行业集中度高的企业以及资本密集型企业,应对"营改增"税制改革时,投资结构更容易出现"脱虚回实"的调整效应。异质性分析与基础回归结论基本一致,表明无论是通过改变服务业企业的增值税纳税人身份,还是打通制造业的抵扣链条,"营改增"对不同类型企业投资结构"脱虚回实"的影响基本一致。

最后,本书研究了"营改增"对企业投资结构产生的地区外溢性。既有研究"营改增"对制造业溢出性的文献,大都将政策影响局限在试点范围内,以试点地区的制造业为实验组,其他地区的制造业为对照组。其中主要的依据在于生产性服务业对制造业存在追随效应,服务业的业务对象主要为附近地区的制造业企业,因此受"营改增"影响的企业也主要在试点地区。然而,据此便将受"营改增"影响的制造业限定在试点省市,存在假设过于严格的问题。事实上,"营改增"促进了产业分工和企业间跨地区经营,政策效果会随着抵扣链条传递到其他非试点地区,因此"营改增"对制造业企业投资结构的调整可能具有较强的地区外溢性。本书从两个维度检验了"营改增"产生的地区溢出性。第一,基于制造业和服务业在区域上的协同定位理论,本书以地理距离的远近作为分组依据。实证结果显示,紧邻试点地区的制造业企业比远离试点地区的制造业企业更易受到"营改增"的影响,投资结构出现"脱虚回实"的效应更强,表明服务业对周边地区制造业的辐射随着地理距离而逐渐衰减。第二,以不同地区制造业企业的中间投入与试点地区、试点行业关联的紧密程度为依据,区分处理组和控制组。实证结果显示,在非试点地区的企业中,与试点地区的"营改增"行业关联越密切,投资结构出现"脱虚回实"的效应越明显。两种实证设计的结果共同表明,"营改增"对企业投资结构的调整具有显著的地区外溢性,这一结果为之后评估"营改增"政策效果的研究具有较深的启示意义,意味着未来实证设计和对结果的经济学解释中,要充分考虑营业税改征增值税后,因抵扣链条的打通及跨区经营导致对非试点地区所产生的政策影响。进一步地,本书检验了投资结构"脱虚回实"后,对企业整体绩效的影响。结果显示,投资金融化能够显著抑制企业成长度、全要素生产率等衡量企业绩效的指标,而"营改增"则通过抑制企业投资的金融化水平,有效地改善了企业的经营绩效。这一结果表明"营改增"作为供给侧改革的重要抓手,能够明显改善供给质量,在促进经济的高质量发展方面发挥重要作用。

在方法论上,本书主要采用实证分析与理论分析相结合的研究方法。理论分析上,本书以"营改增"产生的收入效应、调节效应,以及企业进行金融投资的逐利动机和蓄水池动机为基础,分析不同动机下"营改增"的不同效应可能引起企业投资行为的调整模式,构建"营改增"对企业投资"脱实向虚"的影响方向的理论矩阵,为后续的实证模型检验提供学理支撑。在实证方法上,本书主要应用评估政策效果中常用的双重差分、三重差分等计量模型,并辅助以其他方法提高模型的可信度,包括安慰剂检验、平行趋势检验、动态效应分析、蒙特卡罗分析、倾向匹配得分—双重差分模型和中介效应模型等。

本书在研究视角、研究方法上对"营改增"政策效果评估做了有意义的拓展工作,为深入理解税制改革如何引导企业投资行为提供了翔实的微观证据，研究结论和政策建议具有鲜明且深远的现实意义。"营改增"对全产业链条企业的投资结构调整具有积极显著的影响，具备"谋一域，促全局"的功效。在发展壮大实体经济的目标导向下，政府应继续深化财税政策体制改革，通过"营改增"这一结构性减税工具，促进企业扩大实体投资，激励企业转型升级。未来"营改增"改革主要围绕税率的改革，可以适当提高金融投资的税率，给日趋白热化的金融投资降温。此外，税制改革对不同企业投资行为的影响各不相同，需要根据具体税制改革的细节，结合企业的相关特征，有针对性地进行引导和调整。既要积极地引导融资约束紧、竞争程度高、资本密集型企业的投资结构优化，又要统筹融资约束较为松弛、竞争程度较低，以及劳动密集型企业的投资行为，实现国民经济健康、高质量的发展。

高伟生
2024年元月

目 录

第一章 导 论/001

  第一节 选题背景、理论意义和实践意义/001

    一、选题背景/001

    二、理论意义/006

    三、实践意义/007

  第二节 核心概念界定/010

    一、实体经济与虚拟经济/010

    二、虚拟投资与实体投资/011

    三、"脱实向虚"与"脱虚回实"/013

  第三节 基本思路与研究方法/014

    一、基本思路/014

    二、研究方法/018

  第四节 本书的创新性/019

  第五节 本书的研究难点/021

    一、变量的度量问题/021

    二、实证模型的识别问题/022

第二章 文献综述/023

  第一节 中国实体企业投资结构"脱实向虚"的现状/024

第二节　实体企业投资"脱实向虚"的理论解释/026

　　一、逐利动机/026

　　二、"蓄水池"动机/027

　　三、融资约束论/028

　　四、虚拟投资与实体投资是互补还是替代？/029

第三节　实体企业投资"脱实向虚"的实际影响因素/030

　　一、宏观政策层面/030

　　二、中观产业层面/033

　　三、微观企业层面/035

第四节　实体企业投资"脱实向虚"的经济后果/037

　　一、产生挤出效应/037

　　二、产生系统性金融风险/038

　　三、正面效应/039

第五节　减税政策对企业投资行为的影响/039

　　一、减税政策的收入效应：投资规模的视角/039

　　二、减税政策的引导效应：投资结构的视角/041

第六节　"营改增"税制改革的多方效应分析/042

　　一、"营改增"对企业税负的影响/042

　　二、"营改增"对企业固定资产投入的影响/043

　　三、"营改增"对企业研发投入的影响/044

　　四、"营改增"对深化专业化分工、优化产业结构的影响/045

第三章　"营改增"与企业投资结构的"脱虚回实"：实证检验/047

　第一节　引　言/047

　第二节　研究背景与机理分析/050

　　一、研究背景/050

二、理论分析/053

第三节 实证设计与数据来源/056

一、计量模型构建及指标解释/056

二、数据来源与处理/058

第四节 实证结果与稳健性检验/060

一、基本回归结果及其经济学分析/060

二、内生性检验/062

第五节 多维度的异质性分析/068

一、不同所有制企业间的政策效果差异/068

二、不同融资约束程度企业间的政策效果差异/069

三、垄断行业与竞争行业间的政策效果差异/071

四、不同要素密集度企业间的政策效果差异/072

第六节 本章小结/074

第四章 "营改增"与企业投资结构的"脱虚回实":作用机制/076

第一节 引 言/076

第二节 机理分析与指标构建/078

一、逐利动机下的金融投资与对应指标构建/078

二、蓄水池动机下的金融投资与对应指标构建/080

三、税收执法水平的变化与对应指标构建/081

第三节 实证设计与结果分析/083

第四节 本章小结/087

第五章 "营改增"与企业投资结构的"脱虚回实":行业外溢性/089

第一节 引 言/089

第二节 机理分析与影响机制/092

一、价格渠道/093

二、抵扣渠道/094

第三节 实证设计与估计结果/095

一、实证设计/095

二、实证结果分析/099

三、稳健性检验/101

第四节 异质性分析与机制检验/103

一、不同所有制企业间的异质性/103

二、不同融资约束程度企业间的异质性/105

三、集中性行业与竞争性行业间的异质性/106

四、不同要素密集度制造业企业间的异质性/107

第六节 本章小结/108

第六章 "营改增"与企业投资结构的"脱虚回实"：地区外溢性/111

第一节 引 言/111

第二节 理论分析/114

一、生产性服务业与制造业区域定位协同理论/114

二、产业关联与跨区域经营/116

第三节 实证设计、数据来源与结果分析/117

一、基于地理距离的分组策略/117

二、基于区域间产业关联度的分组策略/120

第四节 稳健性检验与异质性分析/124

一、稳健性检验/124

二、异质性分析/126

第五节 投资结构优化对企业绩效影响的拓展分析/128

第六节 本章小结/132

第七章　研究结论与政策建议/134
第一节　总结论/134
第二节　政策启示/137
第三节　研究局限与展望/139

参考文献/143

后记/157

第一章 导　论

第一节　选题背景、理论意义和实践意义

一、选题背景

当前中国经济面临严峻的结构性问题,其中一个重要的方面是实体经济与虚拟经济发展的失衡(张成思和张步昙,2015)。2008年金融危机之后,实体经济投资环境不佳,企业进行实体投资的回报率远低于虚拟投资,使得企业对实体投资的意愿明显下降,转而投资收益好、流动性高的金融资产,虚拟经济愈发膨胀而实体经济则持续低迷。仅2016年,中国767家非金融上市公司购买各类理财产品的资金就达到7268.76亿元,超过当年股市融资总额的50%(王国刚,2018)。企业投资结构"脱实向虚"的失衡问题已经成为阻碍中国经济高质量发展的一个重要痛点(张成思和张步昙,2015;向松祚,2015;王红建等,2016;罗来军等,2016;黄群慧,2017)。2015年底的中央经济工作会议上,习近平总书记对实体企业投资结构"脱实向虚"及其产生的严重经济后果进行了精准研判,资金过度流向金融部门,不但容易形成资产泡沫,产生系统性金融风险,还会导致社会再生产中的生产、流通、分配、消费等领域的循环受阻。因此纠正实体企业投资结构过度偏向金融投资,引导宏观经济"脱虚回实",成为中央决策层制定发展与改革战略、进行顶层设计时重点考量的关键问题。在党的十九大报告中,习近平总书记明确提出中国经济的战略选择必须是发展实体经济……提高制造业水平,遏制宏观经济脱实向虚。在当年

年底的中央经济工作会议上,习近平总书记又做出进一步部署,指出中国经济的未来发展格局是"促进形成金融和实体经济、金融和房地产、金融体系内部的良性循环"。

企业投资结构的"脱实向虚"不仅容易形成实体经济和虚拟经济间的联动性风险(黄贤环等,2018),过多偏向金融资产的投资还会导致实体企业在经营过程中面临更多内外部环境的不确定性(彭俞超等,2018),对经济的高质量发展产生多方面危害。总结来看,实体企业投资的"脱实向虚"会产生以下经济问题:(1)有碍于经济结构转型升级。虚拟经济的"热"与实体经济的"冷"是突出的结构问题,一方面,"脱实向虚"提高实体经济融资难度,提升企业的融资成本,降低企业进行实体投资的能力(李佩珈和梁婧,2017);另一方面,脱实向虚还会降低企业投资实业的信心和意愿,导致实体经济产业进一步空心化,在供给侧结构性改革的任务目标下,企业投资的"脱实向虚"使得产业结构转型升级困难重重。(2)产生路径依赖,增加未来改革难度。当企业的营业利润更多依赖金融渠道时,会导致企业逐渐偏离主营业务,损害实体企业的主营业绩(王红建等,2016;杜勇等,2017),在股东业绩要求的压力下,经理人不得不继续增加金融类投资,产生路径依赖,加剧企业投资"脱实向虚"的扭曲程度。(3)抑制企业的技术创新能力,阻碍经济增长原动力(谢家智等,2014;王红建等,2017;Hsu et al.,2014)。业绩压力以及金融投资和实体投资收益的严重不对称性,不仅使得资本过多流向金融部门,还会改变企业的投资偏好,降低企业经理人对研发创新的重视程度,不利于企业的研发创新活动(刘贯春,2017)。(4)影响金融系统的稳定,进而增加全域性、系统性经济风险(彭俞超等,2018)。企业资金大量流入虚拟部门,会造成虚拟经济的过度膨胀,诱发金融风险(成思危,2015),而金融部门之间的关联度较为紧密,一方产生风险,则可能会引起连锁反应,从而极易产生系统性金融风险。这已经引起中央决策层的高度重视,习近平总书记在党的十九大报告中提出要"深化金融体制改革,完善金融监管体系,守住不发生系统性风险的底线",说明这一问题已经较为严重。如何引导经济"脱虚回实"，使实体企业回归投资实体经济，成为摆在中央领导决策层和各地方政府面前的一个重要问题。在以上的现实背景下，研究企业投资结构的"脱实向虚"问题并探究其解决之道，在当前中国经济增速放缓、调结构压力巨大的现实背景下显得尤为重要。

已经有大量学者关注到企业投资结构"脱实向虚"产生的巨大风险，并因此对中国经济的长远健康发展产生诸多忧虑，理论和实证工作者也投身于其中，对企业投资"脱实向虚"的原因进行了多方面探索，形成了诸多富有洞见的研究结论，为人们理解企业这种投资的结构性扭曲及其解决之道提供了有益思路。例如，宋军和陆旸(2015)研究发现业绩是影响投资金融化的重要因素，高业绩企业与低业绩企业的投资金融化分别基于"富余效应"和"替代效应"。胡奕明等(2017)利用企业金融资产配置与经济周期和货币政策变动的关联性，证明企业主要以"蓄水池"为目的进行虚拟投资。闫海洲和陈百助(2018)则从企业特征的角度研究发现，管理层过度自信会导致其更愿意投资金融资产，投资结构"脱实向虚"的问题更为严重。现金持有论认为当经济政策不确定性较高、人们对未来经济预期不乐观时会提高流动性金融资产以及相应的资产组合(王红建等，2014；徐亚平等，2018)。其中的原因在于当经济不确定性较高时，固定资产投资的风险将提高，进一步减弱企业对实体进行投资的信心(Bloom，2009)。有研究者进一步认为资产可逆性在其中具有重要作用，刘贯春等(2019)发现如果行业资产可逆性较高，那么经济政策不确定性将不能抑制企业的实体投资。

然而，现有的研究似乎忽略了税制改革这一因素对企业投资"脱实向虚"的影响。财政是治理国家的基础和重要支柱，自改革开放以来中国经济改革基本是以财税改革为核心来推进的(贾康和刘克崮，2008)。其中重要的原因在于税收贯穿于市场中所有经济主体的生产环节、流通环节和消费环节，税收制度通过税种的选择、税目的设置、税率的差异，能够直接或间接地改变产品或服务的税后价格，从而显著影响市场供需关系和相关利益主体的行为。税制改革成为调整宏观经济运行、调节企业特定行为的重要手段,因此,从税制改革的角度分析企业投资结构的变化趋势具有重要的现实意义。

作为深入供给侧改革中财税改革的重头戏,中国于2012年开始在部分地区和行业进行营业税改征增值税(以下统称为"营改增")税制改革,此项改革工作是1994年分税制改革以来中国进行的涉及行业范围最广、力度最大的一次税制改革,具有谋一域而促全局的效应,更是推进供给侧结构性改革的重要举措(彭飞,2017;胡春著,2018)。总体而言,"营改增"的减税效应是毋庸置疑的,这一有增有减的结构性减税,导致不同行业、同行业内具有不同产业关联度的企业甚至同一企业从事的不同业务,均不同程度地受到"营改增"的影响,且在不同特征的企业中产生的减税效果存在巨大差异(胡怡建和田志伟,2014;袁从帅等,2015;范子英和彭飞,2017)。

"营改增"作为一项结构性减税政策,可能导致企业进行实体投资与虚拟投资时的相对税负产生明显变化,实体投资相对于金融投资的税后收益明显上升,从而引导企业的投资结构呈现"脱虚回实"的结构性调整,具体的原因如下:

从实体投资的角度来看,无论在服务业还是制造业企业中,"营改增"均能引起实体投资的税负显著下降,税收收益上升,但影响路径有所不同。"营改增"引起服务业企业实体投资税负下降的原因在于改变了企业的增值税纳税人身份。改革之前服务业企业为非增值税纳税人,实体投资过程中即使取得增值税发票,也无法用于抵扣税款。"营改增"后,试点企业改变为增值税纳税人,随着实体投资获得的增值税发票可以抵扣销项税,企业进行实体投资的税负将会明显下降,收益明显增加。对于制造业而言,"营改增"之前企业已经是增值税纳税人,实体投资是否产生减税以及减税的程度,依赖于中间投入中多少来自"营改增"试点企业。例如,改革之前,制造业企业在实体投资过程中,外购的信息技术服务无法取得增值税发票来抵减销项,但随着生产性服务业的"营改增",制造业从受政策影响企业处外购的这类应税服务可以拿到增值税专用发票,并作进项税抵扣处理。因此,"营改增"对制造业企业的减税效应主要依靠产业间的关联紧密程度,减税效应的程度来源于外购这类服务业的规模,这是"营改增"促进产业专业化分工的基本原理。

从金融投资的角度来看,"营改增"对这类投资的减税效应较小,甚至企业进行金融投资时所承担的税负可能有所增加,投资收益下降,最终导致实体企业进行虚拟投资的意愿和规模下降。其中的原因在于以下两个方面:第一,从税制本身的角度而言,"营改增"是否能产生减税效果,依赖于投资过程中是否可以产生可抵扣项目。由于金融业属于相对独立的行业,与其他行业的产业关联较低(范子英和彭飞,2017)。无论是服务业还是制造业,其进行金融投资过程中产生的可抵扣项目都非常有限,因此企业从事的金融投资没有在"营改增"中获得减税效应。第二,从税收优惠方面来看,之前的营业税属于地方税种,为了吸引投资和促进当地服务业发展,营业税的征缴过程中往往存在大量的税收优惠,而随着"营改增"的推进,税收中性是增值税重要的立税目标,为了保证税制的统一和完整性,相应的税收优惠会逐步取消,这也导致企业进行金融投资的收益下降。总结而言,"营改增"导致企业在实体投资中承担的税负下降,而在金融投资中承担的税负不降反升,导致金融投资的收益相对于实体投资下降。虚拟投资与实体投资收益格局的改变,预期能够引致企业的投资结构在既有的平衡下向实体投资倾斜,从而企业的投资结构产生"脱虚回实"的优化调整。

基于上述的分析,本书从"营改增"的视角切入"税制改革对上市公司投资结构'脱虚回实'的影响"这一主题,利用中国从2012年开始试点实施的"营改增"税制改革为自然实验,以上市公司为样本,从税制调整对上市公司投资收益及其激励体系所造成影响的层面,实证研究了"营改增"对企业投资结构"脱虚回实"的影响,进而给出如何通过税制结构调整,引导企业实现投资结构优化和经济长期可持续发展的治理之道。具体而言,本书的主要工作包括以下几个方面:(1)以服务业企业为样本,检验"营改增"对企业投资结构"脱虚回实"的直接影响。(2)在此基础上对中间传导机制进行分析,探索"营改增"如何引起企业投资金融化的动机的改变。(3)以制造业企业为样本,利用制造业的中间投入与"营改增"行业的产业关联度,探索"营改增"对产业链下游制造业企业投资结构产生的行业外溢性。(4)基于"营改增"促进地区间产业分工的事实,探索"营改增"对非试点地区企业投资结构的影响,即政策效果产生的地区外溢性。

二、理论意义

企业投资结构的调整首先是在以价格机制为配置资源方式的市场经济下的自发选择,其演进和发展的路径主要由市场经济发展水平来决定(梁强和贾康,2013)。从根本上来讲,企业选择实体投资还是金融衍生品、房地产类等虚拟投资,是在追求利润最大化约束条件下的理性行为。然而,在现实情况中,由于经济发展阶段的不同,金融体系以及监管程度也存在差异,企业是热衷于虚拟投资还是注重实体投资对一国经济的稳定和长远发展具有深远影响。从现实中的案例来看,日本和德国都是制造业非常发达的国家,但由于近年来不同国家对于资本进入虚拟经济领域管控程度的差异,导致两个国家的经济发展路径出现巨大差异。日本政府对于金融领域的管控相对较松,允许原来只能用以发展实业经济的资本可以进入虚拟经济领域,这导致在很短的一段时间内虚拟经济膨胀,日本的经济结构出现严重的失衡。资产大规模进入虚拟经济后催生了大量泡沫,导致金融系统风险不断攀升,最终在虚拟经济领域的资本泡沫破裂后,日本的经济陷入了长期的萧条之中;相比较而言,德国对于资本的管控一直严格,对于资本能否进入投资性房地产等虚拟经济部门进行强有力的管控,这有效地引导资本进入实体经济领域,为保障经济持续增长提供了强有力的后劲(王永钦等,2016)。因此,政府通过制定宏观政策干预企业的投资结构,对于稳定宏观经济和促进实体企业发展具有重要的理论意义和价值。税收作为贯彻政府意志的主要工具,能够通过直接或间接改变产业间的相对税后价格来显著影响相关利益主体的行为,是中央和各地方政府常用的工具和手段,因此税制改革常常是中国经济改革的重要内容。

"营改增"是自分税制改革以来中国进行的最为重要的一项税制改革(朱强强,2016),此次改革的对象虽然是服务业,但由于产业间越来越紧密的联系以及增值税环环抵扣的税制设计,使得"营改增"的影响范围远超于受改革影响的企业本身,受益对象辐射到产业链中的制造业。"营改增"影响企业投资行为的理论依据有两方面:一是通过改变企业承担的税负,影响企业直接税后收益和利润,从而引导以追求利益最大化为目标的企业进行相应的行为调整;二是"营改增"通过影响市场价格机制,对市场经济中的几乎所有企业的行为产生另一层面的深远影响。"营改增"改变了服务业企业的经营成本,从而影响了生产性服务的定价,而这类服务又主要作为中间投入进入制造业企业,从而对制造业企业成本产生影响,因此,影响服务业企业的定价水平和制造业的成本,也是"营改增"引导企业投资等行为模式调整的重要理论机制。

"营改增"属于有增有减的结构性减税,其中税收改革的减税效应涉及政府与企业边界问题,而税制改革引导企业的投资结构优化,则涉及效率问题。经济进入新常态后,作为供给侧结构性改革的重要财税改革,"营改增"是否在现有相对公平的框架内提升了效率,能否有效推进宏观经济结构的优化,促进形成高质量的供给和发展模式,现有的一些相关理论研究还比较匮乏。因此本书研究"营改增"对企业投资结构的影响,从多个角度完善税制改革引导实体企业投资回归实体经济的理论研究,研究内容和研究结论对于丰富供给侧结构性改革的相关理论研究具有重要意义。

三、实践意义

1. 丰富了"营改增"政策评价的研究视角

国内外文献对中国"营改增"税制改革给予了较高的关注,关于政策评价的内容从宏观经济运行到微观企业绩效的评估均有所涉及,其中对微观企业影响的研究大多集中于专业化分工、研发投资和全要素生产率等,形成了大量卓有成效的研究结论,为我们理解改革政策的运行效果提供了有益帮助。然而,"营改增"作为供给侧结构性改革的重要抓手,"调结构"是重要的政策目标,现有文献却没有从这一视角就"营改增"的政策效果进行评估。在宏观经济"脱实向虚"日益严重的背景下,研究"营改增"对企业投资结构调整的政策效果,对推进"营改增"进一步发展和完善供给侧结构性改革具有重要现实意义。"营改增"具有结构性减税效应,对企业投资的影响既存在减税的收入效应,也存在调结构效应,而在两种效应的合力下,企业"脱实向虚"的投资结构性矛盾是否能有效缓解?本书利用上市公司的数据,利用多种研究方法对这一问题进行了回答,并针对实证中可能的内生性问题进行了有效解决。本书还对"营改增"如何影响企业投资"脱虚回实"调整的机制进行了详细的探索,为理解税制改革如何进入微观企业具体的投资决策的过程搭建了思维上的桥梁。

2. 推进了税收制度改革对投资结构影响路径的研究

研究中国企业投资结构影响因素的文献汗牛充栋,这些文献大多集中于企业自身的一些特征,例如企业的业绩、面临的融资约束,以及企业面临的外部环境,如经济不确定性(宋军和陆旸,2015;刘贯春,2019)。税制改革亦是现有研究影响企业投资结构因素中的重点和热点,一些文献讨论了增值税的转型改革、企业所得税改革等的作用,其中关于减税对投资结构的影响,大多只是从缓解企业融资约束等角度进行了间接的分析,还没有文献集中讨论"营改增"对企业投资结构的影响。"营改增"作为近年来最重要的税制改革,研究其对微观经济主体投资行为的影响的现实意义是不言而喻的。"营改增"的结构性减税能同时影响企业实体投资和虚拟投资的税负,并且在不同的投资中具有不同的影响方向,因而,以"营改增"为研究对象,能直接检验税收改革是否通过改变实体投资和金融投资的税收负担和税后收益来引导企业投资结构"脱实向虚"。"营改增"作为一项在行业、地区分批试点进行的改革,是实证研究中比较理想的自然实验,本书的研究结论丰富了税制改革与企业投资结构关系方面的经验探索。

3. 拓展了"营改增"对企业投资结构产生行业外部性的实证分析

党的十八届三中全会明确指出市场机制是配置资源的决定性因素，而市场机制的一个重要特征是各主体之间通过商品的交换和价格机制产生紧密关系，小到各个企业间，大到不同行业、产业间的关联性越来越紧密，市场经济如同一张大网使所有企业及其各种行为交织在一起，互相影响。"营改增"使得服务业企业成为增值税纳税人，而增值税环环抵扣的税制设计，使得"营改增"的政策效果不局限于试点企业，还随着产业链条传递到制造业中。因此，在研究了"营改增"对服务业企业的投资结构影响的基础上，本书从政策产生行业外溢性的角度做了进一步推进。既有文献大部分考虑到"营改增"对制造业的影响，在实证模型设计上大多以"是否试点地区"作为区分处理组和控制组的一个变量。然而，服务业对制造业的影响是以抵扣链条进行传递的，受政策影响的制造业并非仅限于试点地区，例如非试点地区购买试点地区服务业企业生产性服务产品，也会或多或少地享受"营改增"带来的减税效应，从而可能对企业的投资行为产生影响。因此，我们拓展了现有"营改增"对制造业企业影响的研究，不同于既有文献的做法，本书独辟蹊径，依据制造业的中间投入与"营改增"行业关联的程度来区分处理组和控制组，避免了受政策影响企业进入控制组而产生估计的偏差，更为精准地识别了"营改增"对制造业企业投资结构的影响。

4. 增加了税收制度改革对企业投资结构产生地区外溢性的实证分析

本书的另一个贡献是给出"营改增"对企业投资结构的调整产生地区外溢性的经验证据。既有研究"营改增"对制造业辐射影响的文献大多认为，服务性产品的差异化高、需求弹性差，且由于信息壁垒、交易成本、征管等因素的存在，生产性服务业具有追随制造业企业的特征，其业务范围也主要辐射周边地区。因此，既有文献大多认为"营改增"对制造业企业的影响只局限在本地范围内，没有考虑"营改增"对试点地区以外的制造业产生的影响。由于生产性服务业提供的服务主要作为中间投入进入制造业中，"营改增"后服务业企业改变为增值税纳税人，具备了开增值税发票的资质,如前文所述,非试点地区购买试点地区企业提供的应税服务具有显著的降税作用,这会促进跨区域间企业的分工与协作,不同区域企业间的业务交易意味着"营改增"对实体投资的减税效应传递到非试点地区,并由此引起非试点地区企业的投资结构"脱虚回实"。本书关于"营改增"的政策效果具有地区外溢性的结论,从某种程度上表明既有一些实证文献将非试点地区制造业作为对照组的做法,可能导致实证结果存在不同程度的偏误。

第二节 核心概念界定

一、实体经济与虚拟经济

既有文献对"实体经济"和"虚拟经济"概念的界定大多从宏观上加以区分。其中对实体经济的定义相对统一,即生产具体商品的过程中所从事的产品和服务的生产、流通等经济活动。虚拟经济的定义是在实体经济的基础上作为对立面被提出的,按照行业、盈利模式和运营形式等视角进行界定。从行业来看,虚拟经济的范围可以大致定义为金融业和投资性房地产业,例如金融业中从事证券业务的企业(王谢勇,2003;王国刚,2018);从盈利的模式来看,鲁品越和徐先金(2009)认为"虚拟经济"之所以称为"虚拟",在于其生产过程中产生了虚拟价值。例如资产的证券化就是一种典型的虚拟经济,证券化使得一些本来固定性的资本具有了流动性,经过市场的多次循环,这一固定类资本本身没有增值,但是却因为流通率高,证券的价值远大于资本本身的价值,从而产生了虚拟价值(张丽,2011)。虚拟资产之所以具有价值,其中一个重要原因在于人们对金融资产未来增值能力产生了较强的预期,并愿意用实体资产在当下进行兑现,而人们从虚拟资产中获得收益主要来自预期值与实际值之间的差,因此对于虚拟资产的投资是一种投机,获得的收益也是一种投机收益。虚拟资产的流动性越高,在市场中流通的次数越多,可预期的收益越高,从而虚拟经济脱离实体经济的张力越大,因此有学者称虚拟经济具有天然地脱离实体经济而自发地膨胀的趋势(李杨,2017)。还有一些经济学者对虚拟经济的盈利模式概括得更为简练,成思危(2015)直接将虚拟经济定义为以钱生钱的活动,他认为虚拟经济的盈利过程是不经过实体经济,而是虚拟资本以各类金融机构为平台进行自我循环来盈利,因此虚拟经济是脱离实物经济而独立运行的价值形态。

在国民经济体系中,虚拟经济与实体经济之间是相对独立又彼此依托的有机整体,虚拟经济与实体经济间不存在泾渭分明的界限(李扬,2017;李莹亮和廖婷婷,2018)。一方面,两者存在相辅相成的关系,实体经济的运行和发展是金融发展的动力,金融业则通过货币和其他衍生类金融工具,助力于实体经济技术创新、转型升级、资本优化等(王国刚,2018)。实体经济是宏观经济运行中的硬件成分,虚拟经济则是软件部分(成思危,2015),因此实体经济是虚拟经济的坚实基础,虚拟经济是促进实体经济发展的重要引擎(王广宏,2016)。另一方面,虚拟经济中的金融系统自身发展规律又具有独特性,在客观上潜藏着对实体经济不断疏远化的倾向。而虚拟经济的发展是建立在实体经济之上的,对实体企业过度的偏离会反过来危害实体经济(俞俏萍,2017)。其他学者也有不同的看法,伍超明(2004)认为随着虚拟经济自身发展不断成熟,它终将演化出自身独特的发展逻辑,在利益最大化动机下将逐渐与实体经济分离,作为一个相对独立领域。虚拟经济具有流通性非常高的特点,在世界范围内的跨区域流动将重塑世界经济格局,因此,虚拟经济的扩张是在经济全球化背景下经济发展到一定程度的必然结果,并在现代经济中发挥越来越核心的作用。

二、虚拟投资与实体投资

从主体上来说,本文所指的虚拟投资和实体投资的主体皆为实体企业,即我们将金融业排除在样本之外,主要考虑到金融业企业在实体投资和金融投资与其他实体企业间存在较大的个体差异,可能对实证的估计结果产生较大影响。对于实体企业来说,投资分为实体投资和虚拟投资,对应的投资标的分别为实体资产和虚拟资产。实体投资是指企业在实际生产产品和提供服务的过程中必须投入的资产,如固定资产和无形资产,这类资产直接进入产品的实际生产中,体现在产品的价格上。例如固定资产的折旧摊销进产品的生产成本中,而无形资产则作为一种附加值进入产品的生产中,最终影响产品的价值;而虚拟投资不同,主要指企业对金融类产品及其衍生品或者具有投资意义的房地产的投资。虚拟投资与实体企业进行的生产经营没有直接关系,获得的收益和损失也不进入企业的生产收益和成本。

实体企业的投资逐渐流向金融领域,其中一个重要的原因在于金融资产较高的流动性,如果一项资产具有了流动性,便具有了一定的"货币性",资产的流动性越高,其货币性就越强(李扬,2017)。因此评价一项投资是否属于虚拟投资,一个重要的判断标准就是投资的标的是否具有较高的流动性,在这一原则下,现有的一些研究中对于企业投资金融化度量的口径和计算方法也是本同末异。根据中国注册会计师协会及中国财政部发布的《企业会计准则》中的相关定义,金融资产是指金融市场中的各类金融产品及其衍生产品。以2007年之前的旧《企业会计准则》为标准,金融资产的定义为:金融资产等于企业的货币资金+短期投资+应收利息+长期债券投资。2007年实行新的《企业会计准则》之后,金融资产等于货币资金、交易性金融资产、可供出售金融资产、买入返售金融资产、应收利息、短期投资、长期应收款和持有至到期投资之和。金融资产投资中比较特殊的一类是投资性房地产,由于金融投资的核心特征是具有非常高的流动性,但众所周知房地产是固定类资产,流动性差,既有文献中大部分将投资性房地产也归类为金融资产(徐超等,2018),主要原因在于投资性房地产经过一级又一级的证券化,具有了流动性(李扬,2017),因此包括美联储在内的大部分国家都将投资性房地产归为金融性投资。

鉴于以上对各类概念的分解,本书所指的虚拟投资包括各类短期和长期的金融资产。值得说明的是,房地产已经成为企业进行虚拟投资的重要内容,因此参考大部分文献中的做法,本书中所指的金融类投资包括交易性房地产。对虚拟投资和实体投资的具体计算规则见实证检验模型中对变量的解释。本书所指的实体投资包括固定资产投资和无形资产投资,既往研究关于投资的度量大多仅以实体投资代替,但由于本书研究"营改增"的政策效应,其中服务业企业的实体投资还包括大量无形资产,"营改增"后,试点企业对固定资产和无形资产的投资均可以抵扣进项税,均具有减税效应,两类投资与金融投资的相对收益均存在较大变动,因此,本书在度量实体投资时也将无形资产考虑在内。

三、"脱实向虚"与"脱虚回实"

第一次工业革命后,人类社会的经济活动从之前的以简单交换为特征的自然经济逐渐进入市场经济阶段,频繁的交易活动对资产的流动性提出较高要求,金融业作为辅助实体经济发展、为实体经济提供足够流动性的特殊服务业应运而生。在随后的经济发展历史长河中,金融业不断发展并演化出自身的发展逻辑,成为具有逐渐脱离实体经济倾向的、相对独立的行业。根据"实"与"虚"的内涵不同,金融"脱实向虚"有着多种类型,在不同的背景下,"脱实向虚"可能表现为以货币为衡量单位、以交易对象衡量以及以资产是否证券化衡量等多种类型,每种类型的内在机理和历史趋势差异甚大(王国刚,2018)。基于以上文献的梳理,我们发现,经济的"脱实向虚"具有较为丰富的内涵,不同定义下的"脱实向虚"的内容差异巨大,如果没有在开展实际的研究之前给出"脱实向虚"和"脱虚回实"的定义,那么将对本书接下来的研究造成不必要的困扰,因此,鉴于本书的研究需要,有必要对"脱实向虚"与"脱虚回实"的具体定义进行说明。

既有关于"脱实向虚"的刻画,大多集中在宏观层面。主要从两个角度进行刻画:一是从存量上来刻画,如通过检验金融部门和实体经济之间的相对量,即金融资产与实体经济之间的比重关系来研判经济结构的合理性。如果这一比重快速增长,则证明经济运行中金融类投资相对于实体经济而言增长过快,存在"脱实向虚"的倾向。二是从增量上来刻画,检验新增信贷和货币资金的流向,如果新增的资金主要流向了实体经济领域,则证明国民经济运行良好;而如果货币增加量(这里主要指狭义的货币增加量)主要来自非银行金融机构等,则代表国内经济并没有伴随货币信贷规模增加而同步增长的现象(俞俏萍,2017)。本书所指"脱实向虚"和"脱虚回实"的概念是基于微观企业层面的。"脱虚回实"的核心定义可以表述为:实体企业的投资结构从偏重于短期和长期金融资产、交易性房地产转向固定投资和无形资产的实体投资。

第三节　基本思路与研究方法

一、基本思路

本书主题是探究"营改增"对企业投资"脱虚回实"的影响,围绕这一主旨,文章主体内容结构如下:首先,对中国"营改增"税制改革的实践进行了介绍,并总结了已有的相关文献,为后续的研究内容提供基础的政策支持和理论支撑。其次,本书研究了"营改增"对企业投资结构的直接影响。以直接受政策影响的服务业企业为处理组,未受政策影响的服务业企业为控制组,利用双重差分模型探究"营改增"前后两类企业间投资金融化水平的差异是否产生显著变化。再次,研究了"营改增"影响企业投资结构的传导机制。然后,基于产业互联的视角,研究了"营改增"对产业链中制造业企业投资结构的外溢性影响。最后,基于区域间产业分工的视角,研究了"营改增"对非试点地区企业投资结构的地区外溢性影响。基于以上逻辑,本书一共分为七个章节。

第一章为导论。包括问题的缘起、选题的意义、实证方法和数据介绍,以及文章的创新之处等。

第二章是全书的文献综述。首先,梳理了中国企业投资"脱实向虚"的现状及发展趋势,从虚拟投资的定义入手,就不同学者针对企业进行大量虚拟投资是对实体投资的挤压,还是基于"蓄水池"理论的平滑效应的争辩进行了梳理。其次,本章从不同角度梳理了现有文献中关于影响企业投资"脱实向虚"的因素,具体包括缓解融资约束的视角、套利动机、预防动机以及其他视角。再次,由于"营改增"是具有降税意义的税制改革,本章对研究减税政策对企业投资结构的影响的文献进行了总结,包括减税的收入效应、调节效应等,减税效应不仅影响企业投资的总量,对企业投资的结构也具有深远影响。最后,本章从多个角度对现有评价"营改增"政策效果的文献进行了梳理,包括"营改增"的减税效应、对固定资产和研发投入的促进作用以及"营改增"税制改革产生的不同产业间的分工效应和产业融合效应等。

第三章进入本书的主体部分。本章以实证的方式研究了"营改增"税制改革对企业投资结构"脱虚回实"的影响,研究样本为服务业企业。本章仅以服务业企业为研究样本,有两方面考虑:一方面,非试点地区、非试点行业的服务业企业不会受到政策影响,避免前文所提及的行业外溢性和地区外溢性对控制组造成干扰,影响估计结果;另一方面,"营改增"直接作用于服务企业,影响企业投资行为的原因在于改变企业为增值税纳税人,企业所有可以取得增值税发票的投资,均可以凭票抵扣销项,这一点不同于制造业企业必须购买涉"营改增"的服务才可以从改革中获益。因此,本书集中一章内容研究了"营改增"对服务业企业投资结构的直接影响。首先,本章对"营改增"税制改革如何影响企业投资决策的机理进行理论解析,企业进行金融投资的动机分为逐利动机和"蓄水池"动机,而"营改增"的政策效果包括减税和调节效应,本章分析了不同的投资动机下,"营改增"如何引起不同投资的相对收益变化,进而企业可能做出的几种投资决策。其次,本章基于中国"营改增"试点在不同时间、地区、行业分层次开始改革的实践,通过渐进的双重差分计量模型,检验"营改增"对企业投资"脱虚回实"的影响。研究表明,"营改增"使得服务业企业的投资结构呈现明显的"脱虚回实"。针对基本结果中可能出现的内生性问题,本章进行了多方面的稳健性检验,结论均很好地支持基本结论的成立。再次,对"营改增"导致企业投资"脱虚回实"在不同层面的异质性进行了分析,包括不同所有制企业、不同融资约束程度企业、不同竞争程度和不同要素投入结构企业间的政策效果差异。最后,对本章内容进行了总结。

第四章对"营改增"引致实体企业投资结构"脱虚回实"的机制做了进一步分析,知其然并知其所以然是实证研究的根本,也是本书的一个重点研究内容。本章立足于导致企业投资出现"脱实向虚"的理论解释,构建了相对收益、内部经营风险、外部经济环境不确定性与税收执法四个中介指标,通过中介效应模型分析"营改增"是否通过显著改善这些理论指标,从而引起企业投资结构"脱虚回实"。结果显示,"营改增"能够显著改变金融投资收益和实体投资收益的相对平衡,金融投资收益的相对下降引起了企业投资结构出现"脱虚回实"的调整;"营改增"还通过降低不确定性减少企业基于"蓄水池"动机的金融投资。本章结果表明无论是在逐利动机还是蓄水池动机下,"营改增"税制改革均能有效地改善企业投资结构偏向,但"营改增"后,税收执法力度提升,会抑制"营改增"对企业投资结构调整的政策效果。最后,本章在研究结论上提出了进一步推进改革的政策建议。

第五章进一步检验了"营改增"对产业链中制造企业投资结构"脱虚回实"的影响。随着抵扣链条的打通,"营改增"具有改在服务业、利在制造业的特点,且制造业的受益要远大于试点服务业本身。因此,本章检验了作用于服务业的"营改增",对企业投资结构的优化是否也能外溢到制造业中。考虑到"营改增"的减税效应会随着抵扣链条传递到非试点地区,因此区别于以往文献以地区、行业为基准区分处理组和控制组,本章以制造业的中间投入与"营改增"行业的关联程度为依据分组,中间投入中不涉及"营改增"行业的制造业样本因没有受到政策影响而作为对照组,其他作为处理组,处理组中与"营改增"行业关联度越紧密,受政策影响的程度越深。双重差分模型的结果显示,随着抵扣链条的打通,"营改增"对产业链条上制造业企业的投资结构也具有"脱虚回实"的调整效应,主要原因在于制造业中间投入中的应税服务主要进入实体投资,因此减税效应也主要发生在实体投资中。而金融投资的可抵扣项目少,从"营改增"中获益有限,相对收益下降,从而引导企业投资回归实体经济。针对基本结果可能出现的度量误差和内生性问题进行了几组稳健性检验,结论与基本结果保持一致。本章在多个层面做了异质性分析,为理解"营改增"引导制造业投资结构"脱虚回实"提供更为丰富的证据。最后,针对本章的主要内容进行了总结,并为促进中国税制改革和优化企业投资结构提供政策建议。

第六章研究了"营改增"税制改革对企业投资"脱虚回实"产生的地区外溢性。服务业企业在空间分布上具有追随生产型企业的特征,既有文献大多以此为依据,以试点地区的制造业企业作为处理组,非"营改增"地区的制造业企业为控制组。然而,虽然服务业在空间分布上与制造业相近,但其业务并非全部局限在本地。随着"营改增"的实施,抵扣链条的打通和征管单位的转变会显著促进区域间贸易往来。因此,"营改增"对制造业企业投资结构的影响,还会产生较强的地区外溢性。本章中以制造业为分析样本,检验了"营改增"对非试点地区企业投资结构的辐射性影响。本章做了两个层面的研究:一是以地理距离为依据,通过靠近试点的地区与远离试点地区相比,分析投资结构的优化调整是否更为显著,其中的理论依据为服务业与制造业的区域协同定位理论。二是根据制造业的中间投入与试点地区、试点行业的产业关联程度,区分处理组和控制组。实证结果显示,非试点地区制造业企业的中间投入中,与试点地区的"营改增"行业关联越密切,企业进行金融投资的比例越低。进一步地,本书在多个层面做了异质性分析,结论与预期一致。最后,本书研究了"营改增"引导投资结构优化后,对企业绩效产生何种影响。从国家的大方针的角度来看,通过财税等手段调结构的根本目标是促进经济高效、高质量的增长,聚焦到企业,则为提升企业绩效。"营改增"对引导企业投资"脱虚回实"后,是否能促使企业转变发展动能,提质增效,还是一个有待检验的命题。本章从企业成长度、TFP等视角度量企业绩效,研究发现"营改增"对企业投资结构优化,能够转化为生产绩效的提升,表明"营改增"具有优化投资结构、提升供给质量、促进经济高质量发展的作用。

第七章为全书总结和政策建议,以及未来可以进一步拓展的方向。另外,笔者针对本书的研究内容、研究方法、研究范式等存在的一些问题进行了总结,并针对这些问题做了进一步的研究展望。

二、研究方法

基于研究目的,本研究综合使用理论和实证相结合的研究方法。在理论分析上,本书综合考虑了"营改增"减税的收入效应和调结构效应,结合企业进行金融投资的储蓄动机和逐利动机,从理论上较为全面地分析了"营改增"对企业投资"脱实向虚"的影响方向,为后续的实证模型检验提供理论支撑。

在实证模型上,首先在基础回归中本书使用了政策评估的常用方法——双重差分(Difference-in-difference)。双重差分法主要应用于对一些试点改革政策的效果评估,实证设计的原理在于将受到政策影响的试点地区或企业设为处理组,其他不受政策影响的样本设定为对照组,而由于政策改革具有时间意义,因此处理组和对照组的差异在政策时间前后的变化即为政策改革的净效应。应用双重差分模型评估政策效应得到可信结果的前提是确保政策的外生性,即受政策影响的样本不能预知,更不能反过来影响政策的发生。从"营改增"税制改革的制度设计和实施过程来看,虽然"营改增"实施之前有一段的论证时间,但时间较短,并且自政策文件公布到具体开始实施,仅几个月的时间,基本保证了时间的外生性;微观层面的企业也不能影响中央政府决策各地进行"营改增"的具体内容,因此该项政策基本满足双重差分法的外生性假设要求。进一步地,为了确保本书一系列实证结果的可靠性和稳健性,本书还进行了严格的研究设计及多重稳健性检验,例如基于参数的安慰剂检验、非参数的安慰剂检验。其中,非参数的安慰剂检验是利用了重复赋值的方式,构造了众多安慰剂,并通过对所有安慰剂回归结果的统计,保证安慰剂检验的稳定性与可靠性。另外,为了检验双重差分模型的平行趋势以及政策的实际发生年份,本书做了动态效应分析。在这些稳健性结果的呈现中本书利用了大量的统计学方法,例如非参数的安慰剂检验是基于 Bootstrap 分析,对回归结果重复了 1000 次,并统计了每次回归的结果,利用密度分布图将全部结果呈现出来;动态分析中,为了结果呈现的便捷性,本书也应用了统计图的形式。

其次,在研究"营改增"对企业投资结构产生的行业外溢性的过程中,本书应用简单的数学模型构建了制造业的中间品与"营改增"行业的关联程度,并在此基础上构建计量模型的处理组与控制组。这一结果在接下来评估"营改增"对企业投资结构的地区外溢性中,具有较多应用。

最后,在检验"营改增"引导企业投资结构"脱虚回实"的机制中,本书重点应用了中介效应模型,通过构建计量方程组将中介变量、解释变量与被解释变量联系起来,以不同变量之间关系在统计学意义上的显著性来检验中介变量是否构成解释变量与被解释变量间的中间传导通道,从而验证本书所提出的中间机制是不是"营改增"税制改革导致企业投资结构"脱虚回实"的传导机制。

第四节 本书的创新性

"营改增"是中国近年来涉及范围最广、力度最大的一次税制改革。本书以"营改增"税制改革为自然实验,研究这一税制改革是否通过改变实体投资和虚拟投资的税后收益,引导企业投资结构呈现"脱虚回实"的调整。与既有文献相比,本书可能的边际贡献包括以下几个方面:

第一,从研究内容上,本书首次以"营改增"为背景,系统研究了税制改革如何影响企业投资"脱虚回实"。既有文献大多基于企业投资"脱实向虚"的事实,研究这一扭曲的投资结构对于企业长期发展以及整个经济的危害性,很少有文献分析税制改革对企业投资结构的作用。1994 年分税制改革以来,中国进行了多次大规模的税收制度改革,企业所得税分享改革、增值税转型改革以及 2012 开始的"营改增"等历次税制改革都对企业的投资行为产生深远影响,但既有文献对"营改增"影响企业投资金融化的关注还非常少。"营改增"作为供给侧改革一揽子计划中重要的财税改革内容,结构性减税效应降低了企业进行实体投资的成本,但对金融投资没有产生较大影响,因而具备引导企业投资结构"脱虚回实"的理论基础。本书基于上市公司的数据对该问题进行了实证检验,提供了"营改增"具有优化企业投资结构、促进经济高质量发展的经验证据。

第二,从研究范式上,本书依据"营改增"对服务业和制造业实体投资税负影响路径的差异,对两类企业分别展开研究。"营改增"对服务业和制造业实体投资产生的降税效应的路径存在差异,对服务业企业的影响在于改变为增值税纳税人身份,而对制造业企业的影响依赖于中间投入与"营改增"行业的关联程度。这一差异,使得实证回归中不同企业的处理组和控制组的设定方法也存在较大差异,服务业企业主要依据是否试点地区、试点行业进行区分,即可保证处理组和控制组之间的独立性;而制造业中,由于抵扣链条的传导性,单纯依靠地区和行业,无法区分哪些企业受影响,适合作为处理组,哪些企业没有受影响,适合作为对照组。本书的处理方式是这样,根据制造业企业的中间投入中与"营改增"行业的关联程度分组,只有中间投入中不含有"营改增"行业时,这类制造业企业才真正没有受到政策影响,才适合作为对照组。考虑到这类样本较少,稳健性检验中本书也将中间投入中营改增占比低于5%分位数上的样本设定为对照组,结论依然与基本结果保持一致,结论可信。在研究"营改增"对企业投资结构产生的行业外溢性和地区外溢性时,本书均主要利用了制造业企业与试点服务业企业的产业关联紧密程度,区分处理组和控制组,结论均显示这种外溢性成立。这一结果表明在研究"营改增"对制造业企业影响的实证设计中,依靠行业或地区分组,均不适宜,会导致控制组不满足 SUTVA(stable unit treatment value assumption)条件,而使估计结果有偏。

第三,从多个维度探索了"营改增"导致实体企业投资"脱虚回实"的中间机制。解释实体企业投资偏向于虚拟投资的理论包括逐利理论、"蓄水池"理论、融资约束理论等。相应地,如果"营改增"能够引导实体企业投资"脱虚回实",那么说明"营改增"对这些理论变量产生了实质影响,从而引导了企业投资行为的调整。基于这一逻辑关系,本书构建了相对收益、内部经营风险、外部经济环境不确定性与税收执法四个中介指标,分别对应逐利动机、蓄水池动机等理论机制,利用中介效应模型,分别检验"营改增"对企业套利动机下和蓄水池动机下金融投资水平的影响,研究表明,"营改增"通过改变相对收益和经营风险双重渠道影响企业投资结构"脱虚回实",这一结论对现有文献的一些研究结论做了有效补充。

第五节 本书的研究难点

一、变量的度量问题

1. 虚拟投资的度量

既有文献中针对虚拟经济的度量提供了较多的参考指标,但梳理文献时不难发现,不同研究中的指标计算方法并不统一,且不同指标下的度量结果存在较大差异,这为本研究的推进造成一定障碍。本书对比各文献中的多种度量方法,结合本书的研究需要以及数据的可得性,在广义和狭义两类口径下构建了企业虚拟投资的指标,确保本书的基础研究结论的科学性和稳健性。

2. 产业互联的测算

研究"营改增"政策对企业投资结构产生的行业外溢性、地区外溢性,关键是找出与试点企业相关的企业。由于现有可得的数据中,没有具体到企业层面关联的数据,因此,本书只能在行业层面,分析行业之间的联系。这一过程中均用到了产业互联度这一变量。度量产业间关联度需利用投入产出表,需要对投入产出表具有深入的理解力,同时需要较高的数据处理技巧。尤其是区域间的投入产出表,第二象限的数据中包含个31地区和42部门两个维度的中间投入量,本书需要从地区和行业层面设定哪些中间投入涉及"营改增"行业,数据处理较为复杂。

二、实证模型的识别问题

本书主要利用了双重差分(DID)、三重差分(DDD)的准自然实验的实证方法,这一实证方法是以外生的政策为实验冲击,研究其对企业行为特征的影响,由于个别企业的投资行为无法反向影响地区层面政策的推行,因此可以有效地避免反向因果的问题,但这一实证策略仍然可能存在重要遗漏变量、测量误差等产生的内生性问题,导致回归结果存误。针对实证分析中的这一难点,本书利用多种实证方法来进行解决,包括安慰剂检验、动态效应检验等,力求对本书的基本研究结论提供扎实的佐证。

第二章 文献综述

当前中国经济面临实体经济和虚拟经济发展严重分化的结构性问题,实体经济投资增长缓慢,而虚拟经济却呈现爆发式增长,宏观经济出现"脱实向虚"的结构性矛盾,这一失衡问题是中国在经济增速降档、结构性矛盾突出和前期刺激政策遗留问题等三重因素叠加作用的结果(李连成,2014;刘晓欣和张艺鹏,2019)。经济结构"脱实向虚"的主要表现形式有两个方面:一方面,从金融领域来看,金融部门的资金没有投向本该为之服务的实体领域,反而在金融体系内部空转。金融业对资金的虹吸导致实体部门的融资难度增大,资本的使用成本也大幅度上升;另一方面,从实体领域来看,高速流通的金融资产推升了金融资产收益率的上升,在套利的驱动下,实体企业的投资内容也逐渐偏离实体经济领域,转而投向收益率高的金融资产和投资性房地产等领域(孟宪春等,2019),导致宏观经济整体层面上出现"脱实向虚"的结构性扭曲。

现有文献将虚拟经济不断扩张趋势的原因归纳为以下两个方面:一是金融类企业的自我扩张。层出不穷的创新性金融产品使得这类交易不仅快捷便利,收益率也稳定在高位,导致金融类产品的交易量攀升,虚拟经济规模快速扩张。二是实体经济过多地将资金投向金融领域。近年来尤其是金融危机之后,全球经济低迷,投资实体的回报率持续走低,而随着宽松的货币刺激政策的出台,实体企业获得资金后,将资金大量投向金融和房地产领域,导致了虚拟经济的膨胀。较高的投资回报率使得资金、社会优质人才、企业家纷纷转向虚拟经济部门。2010到2016年,实体经济领域中的大头——制造业的固定资产投资额下降32.4%,而虚拟经济的投资总额却迅猛增加,金融业投资总额增加了1.7倍,投资性房地产业猛增了 1.2 倍(周维富,2018)。

现有文献有关于企业投资结构变化的基本事实、投资结构出现"脱实向虚"的理论解释、"脱实向虚"的实际影响因素,及其引起的经济后果等问题,形成了大量有益的结论,本书沿着这一逻辑主线,对相关文献进行系统梳理,一方面可以帮助本书更好地厘清这些文献之间的内在联系,另一方面也可以更好地理解虚拟经济与实体经济之间失衡的关系,为本书的理论和实证分析提供研究基础,同时通过比对本书研究结论与现有研究之间的异同,能够更好地理解本书研究内容的创新之处和研究的现实意义。

第一节 中国实体企业投资结构"脱实向虚"的现状

一般而言,在工业发展的现代化进程中遵循从第一产业到第二产业、第三产业不断进深的道路,第三产业占国民经济总产值的比例越大,代表经济形态的现代化程度越高,这一产业结构的变化趋势,是随着生产力进步出现的一种必然的发展规律。然而,在第二产业向第三产业转化的进程中,由于劳动力、资本等生产要素供需的结构矛盾、产能落后、国内外市场疲软、税收负担过重等多重因素影响,在逐利的动机下,以制造业为主的实体经济的生产资料可能会迅速转移至以金融业为主的虚拟经济,导致实体经济在国民经济体系中的地位逐步下降,而虚拟经济则因高流动性和层出不穷的创新性金融衍生品的存在而总量猛增,在 GDP 中占比也不断上升,造成宏观经济结构的"脱实向虚"(舒展和程建华,2017;周维富,2018;刘晓欣和张艺鹏,2019)。2008 年全球金融危机爆发,随着扩张性政策的不断出台,虚拟经济自我循环的扩张速度进一步加剧,中国经济"脱实向虚"的结构性矛盾凸显。

从总量上来看,中国制造业固定投资的规模下降明显,仅 2010 至 2016 年间,固定资产的投资总额就下降了 32.4%,实体经济在 GDP 中所占比重下滑了 7.4 个百分点,其中工业所占比重下降了 6.6 个百分点。

对比而言,属于虚拟经济范畴的金融业和投资性房地产业的固定资产投资总额则增加了 1.7 倍和 1.2 倍(周维富,2018),虚拟经济占国民经济的比重上升了 2.7 个百分点。在国民经济运行规律中,正常情况下,虚拟经济的作用是服务于实体经济,其发展是依赖于实体经济的,如果虚拟经济的繁荣没有相应的实体经济予以支撑,那么不但无法真正地服务于实体经济,反而还会因吸引了大量资金而导致实体经济的融资更加困难,阻碍实体经济的发展。对于宏观经济这种"脱实向虚"的结构性失衡如果不加以遏制,会至少造成以下两方面的严重后果:一方面,从虚拟经济领域来看,大量资本进入金融业后容易产生虚假繁荣和严重的泡沫经济,一旦有一环资金断链导致泡沫破裂,就可能引发海啸般的金融风险,这一风险是系统性、全面性的,考虑到虚拟经济与实体经济愈发紧密的联系,最终可能导致中国宏观经济动荡,损害经济发展的根基和命脉。另一方面,从实体经济领域来看,由于金融资产的高收益,实体企业的投资已经从原来的实体投资逐渐向金融投资偏移,如果实体企业的投资只注重短期投机利益,长此以往,则会导致中国整体的经济发展成为无源之水、无根之木,迈向制造强国的目标更是成为空谈。

从增量上来看,中国工业增加值和金融部门的资产增量在近些年发生了明显的变化。在 2011 年,工业部门的增加值以超 GDP 增长的速度运行,当年 GDP 增速为 9.5%,而增加值的增长速度为 10.9%,在接近两位数的 GDP 高速增长模式下,工业增加值的增速仍然超过 GDP1.4 个百分点;对比来看,金融领域的投资增速仅为 7.7%,比 GDP 的增速低了 1.9%(周维富,2018)。两方面的结果表明,当时国民经济增长主要是靠实体经济拉动,经济运行健康良好,并未出现明显的"脱实向虚"倾向。但到了 2016 年,仅 6 年的时间,实体经济与虚拟经济增长速度出现明显的分化,在 GDP 中所占的比重也随之出现明显变化。其中,制造业的实体投资增速明显下降,工业增加值只增加了 6%,即使当年的 GDP 增速已经下降到了 6.7%,但实体领域的投资增速仍然比 GDP 的增速低了 0.7%,表明实体经济对国民经济增长的贡献在迅速下降。而此时,金融业的发展却一骑绝尘,增速高达16.0%,比GDP增速高9.3个百分点,此时中国国民经济增长的主要动力来自虚拟经济的增长,宏观经济"脱实向虚"的问题已经非常严重。更为严重的是,虚拟经济在以加速的方式增长,例如,2016年中国金融领域的投资量在GDP中所占比重几乎比2005年高一倍(周维富,2018)。中国实体经济与虚拟经济失衡的问题已经非常严重,长此以往,将对中国宏观经济稳定产生不可估量的负面影响。

第二节 实体企业投资"脱实向虚"的理论解释

一、逐利动机

逐利动机是企业投资结构逐渐金融化的最主要动机,关于逐利动机理论的产生根源来自投资替代理论,该理论认为企业投资结构的"脱实向虚"是短期套利的结果,企业的投资从之前的实体经济领域逐渐转向金融类等虚拟资产,其根本目标是追求当期的最大化利润。如果金融资产的投资收益率高于实业投资的收益率,那么企业的投资决策中提高金融资产的比重也不失为一个理性之选;反之,如果实体经济的投资收益相对于虚拟经济提高,那么企业的投资结构又会回归到实业投资(张成思和张步昙,2016)。现有文献对中国实体企业投资金融化的研究大多持这种观点,认为传统行业利润率的长期下降是推动企业投资"脱实向虚"的主要原因和动力(张成思和张步昙,2015)。2008年全球金融危机后,随着中央和各地刺激经济计划的不断出台,大量资金流向了房地产和金融投资领域,导致虚拟经济市场异常火爆,相对而言,实体经济的投资回报率则逐渐下降,虚拟经济与实体经济之间的相对利润的差距不断扩大成为企业投资逐渐脱实向虚的重要原因(Demir,2009)。然而,这一趋势是否具有长期性,不同学者存在两种观点。Foster和Madoff(2009)认为企业投资"脱实向虚"是在实体经济陷入停滞情况下平衡供需矛盾的方式,过多地进行金融化投资而减少实体行业的投资是企业积累资本的一种手段。

当经济周期重新恢复到原来的潜在水平时,企业的投资方向还会逐步回归到实体投资与金融投资逐步平衡的状态。Bryan et al.(2009)则认为企业投资逐步偏向金融化是一种长期性的趋势。自工业革命以来,实体经济经过几百年的发展,其边际收益逐步下降,利润率也越来越低,资本流入利润更高的金融业和房地产行业是具有内生性的企业的理性决策,因此具有长期性和固定性。

二、"蓄水池"动机

除了逐利动机这一直接动机外,企业进行金融投资的动机还可能基于"蓄水池"动机。蓄水池理论认为企业投资金融资产的目的是储蓄,以平滑现在和未来可能遇到的融资等方面的风险。由于金融资产的流动性非常高,企业在未来的经营中一旦遇见融资或其他瓶颈,可以通过出售金融资产在短时间内迅速获得大量现金流,从而规避资金链断裂所带来的风险(田祥宇等,2020)。蓄水池理论的根源为早期的经济学家关于企业持有现金的讨论,其中凯恩斯提出的"预防性储蓄理论"最为出名,他通过对企业生产经济循环过程的观察认为,企业持有现金主要是以预防性为目的,防止未来可能出现的资金短缺的情况对企业生存产生影响。随着现代金融市场的发展,企业基于预防性动机的储备除了现金外,还有种类多样的金融类产品及其衍生品。因此,在蓄水池理论下,企业在对未来经营环境的稳定性预期不乐观时,如现金流的波动性较大,企业面临的融资约束越紧,通常会基于"蓄水池"动机进行较多的金融类投资(胡奕明等,2017)。有文献指出,不同类型的企业以预防性为目的而进行金融投资的行为存在差异。Gordon et al.(1995)和 Bodnar et al.(1998)研究发现,规模较大的企业比规模较小的企业倾向于持有更多的金融资产,主要目的是通过不同的资产组合来分散风险;还有一些研究指出,以预防为目的的金融类投资还与经济的不确定性相关,当经济不确定性较高时,企业进行实体投资的风险性更高,因此企业更偏向于金融投资(刘贯春等,2019)。有学者对企业不同阶段投资金融领域资金来源的差异进行了分析,宋军和陆旸(2015)认为企业基于预防性动机而进行的金融股投资主要与企业的业绩相关,当企业绩效好时,主要表现为富余效应,而当企业的绩效较差时,金融投资与实体投资之间则表现为替代效应(宋军和陆旸,2015)。但是张瀛(2012)以非上市公司为样本的分析却表明,企业绩效良好以及债务状况优良的公司投资结构的金融化程度更为明显,由于非上市公司与上市公司相比在融资上存在较大限制,因此,融资约束较高的企业对于融资风险更为厌恶,在企业有富余资金时,更倾向于投资金融资产,而非上市公司中经营状况较差的企业,则因无多余资本用于金融投资,从而呈现出投资金融化程度低的特征。王红建等(2017)研究认为,企业投资金融资产的预防动机与融资约束程度的高低紧密相关,当企业常常面临较高的融资约束时,则更倾向于基于储蓄为目的投资金融资产,以应对未来可能存在的融资困境。

三、融资约束论

现有文献大多持有的一个观点是,中国实体企业投资结构的"脱实向虚"的动因在于实体投资与虚拟投资之间巨大的收益率之差导致的,但极少有文献就这种差异产生的原因做出进一步研究。在不多的文献中,彭俞超和黄志刚(2018)针对实体投资与金融投资间的收益率差异巨大的根源进行了探索,他们通过构建理论模型并利用上市公司的样本进行实证检验后认为,这种差异是由于银行针对不同企业提供贷款时的差异性所导致的,他们认为只有高风险的企业才更倾向于投资的金融化。由于低风险企业的经营状况较好,在银行系统借贷时面临的融资约束较小,使得企业没有动力利用金融资产进行融资;而经营风险高的企业,由于银行判定这类企业具有较高的还贷违约的风险,因此银行不乐意向这类企业放贷,导致这类企业面临的直接融资约束程度相对较高,从而倒逼企业利用投资金融资产等套利的方式来进行融资,最终反映为投资结构的"脱实向虚"。一些文献还指出,融资约束越高的企业,对金融投资的依赖性越高,主要原因在于高融资约束企业获取资金的难度较大,成本较高,资源越稀缺,意味着投资的机会成本更大,因此企业的投资决策更关注短期收益,那么收益率高的金融资产似乎成了必选项(Almeida et al.,2004),在金融类虚拟投资的收益率普遍较高的背景下,融资约束高的企业投资结构的"脱实向虚"的趋势越严重。还有一些研究从企业研发资金短缺引致投资金融化的视角进行了探讨。由于企业的研发具有资金投入量大、回报周期长的特点,且还可能面临研发失败而导致投资全部沉没的风险,因此企业的研发创新活动很难在资本市场上融到资金,主要通过内部融资的方式筹资(Hall,2002;王红建等,2017),但企业依靠内部融资的力度有限且会影响企业的持续经营,因而企业的研发需求促使企业通过配置高收益的金融资产,来缓解企业创新面临的融资约束。值得说明的是,有研发需求并且有动力以自有资金从事研发的企业,大多属于创业不久的优质企业,过多地将资金投向金融领域,未来企业发展的路径容易被过度金融化的投资模式所绑架,导致企业未来的发展走向从研发创新的路径中脱离出来,因此投资的"脱实向虚"造成了市场上的逆向选择问题,优质的企业无法凭借创新盈利,反而劣质企业通过配置金融资产具备较好的营利性。

四、虚拟投资与实体投资是互补还是替代?

在"蓄水池"理论下,企业的金融投资和实体投资之间是互补关系,实体企业投资金融资产的根本目的在于预防(胡奕明等,2017)。由于金融资产具有较高的变现能力,因此当企业经营陷入困境时能够通过变卖金融类资产迅速获得现金流,缓解资金约束。基于蓄水池理论的观点,企业进行金融投资的目的是应对未来的流动性不足,以免错过实体投资中可能的较好的投资机会。因此,如果企业预期未来实体投资的机会越多,那么为了规避可能遇到的融资风险而进行高流动性的金融投资也会越多,此时企业的金融资产投资与实体投资之间是互补关系,金融投资主要是为实体投资服务的。

但从近几年的实际情况来看,全球企业的金融投资与实体投资大多呈现替代关系。从中国的情况来看,金融投资并没有促进实体投资的增加,企业的投资结构反而呈现"脱虚向实"的特征,实体经济占中国GDP的比重在不断下降,虚拟经济却发展迅速,金融业的发展对实体经济形成了较为严重的挤出效应(徐策,2012;罗能生和罗富政,2012;张成思和张步昙,2016;彭俞超等,2018)。Orhangazi(2008)以美国企业为研究样本,也发现同样的事实,即企业的实体投资和金融投资之间是一种负向关系。Orhangazi(2008)认为金融投资对实体投资的挤出效应几乎是必然的,由于金融系统具有自己独特的运作规律,高利润回报使得金融业对资本具有虹吸效应,这会直接抑制实体领域的投资规模。另外一些学者有关韩国和土耳其的研究也得出同样的结论(Shin,2012;Akkemik and zen,2013)。彭俞超等(2018)认为,企业配置金融资产是基于"蓄水池效应"还是基于"替代效应"并没有绝对的界限,而是与企业面临的融资约束水平相关。融资约束越强,为了防止未来有投资机会却"无米下锅",企业越有动力在平时多进行储蓄类的金融资产投资,因此金融资产的投资会促进未来的实体投资,此时两者的关系是互补关系。而融资约束较弱的企业,在未来遇到好的投资机会时没有较大的资金限制,因此企业投资金融资产,并不是为未来的实体投资打算。如果不是基于储蓄的目的进行金融投资,那么金融资产和实体资产表现为一种替代关系,因为企业进行金融投资会直接减少当期的实体投资,且不会增加未来的实体投资规模。

第三节 实体企业投资"脱实向虚"的实际影响因素

一、宏观政策层面

(一)货币和信贷政策

从全球范围来看,经济出现"脱实向虚"结构问题,在时间点上几乎与宽松的货币政策同步,金融危机后尤甚。张杰和杨连星(2015)认为中国现行的金融制度是以金融抑制为特征的,资本配置扭曲导致了货币政策的传导机制失灵,从而引起投资的"脱实向虚"。孟宪春等(2019)以动态随机一般均衡模型揭示了中国经济结构"脱实向虚"的原因,并对不同货币类型的差异性传导机制进行了详细分析,其中对"向虚"的刻画主要是以企业投资房地产的力度来衡量。他们认为由于经济下行压力加大,在金融摩擦问题比较突出的背景下,投资房地产成为企业投资的妥善之选,并在此基础上研究中国未来的最优货币政策走向,认为推行利率市场化改革是破解宏观经济向虚的有效之法。杨筝等(2019)也研究了中国在实施宽松货币政策后企业投资结构的走向,他们以中国贷款利率上下限放开为准自然实验,实证检验发现宽松的贷款利率政策对于缓解非国有企业投资的"脱实向虚"具有明显的积极效应,其中的传导机制在于资本领域的管制放松能降低企业的债务成本,增加利润,从降低金融投资和实体投资的收益率差距的途径来有效抑制企业投资结构的"脱实向虚"。资金的过度供给造成了实体企业脱实向虚的结构性问题,那么资金供给的收紧是否可以抑制这一失衡问题?冉渝和王秋月(2020)研究了2012年之后的信贷政策,结果发现信贷政策收紧后,能够显著改善资金走向的"脱实向虚"。其中的传导机制在于银行基于风险管控和政策目标的约束,对信贷资源严格把控,抑制了企业投资过度流向金融领域和投资性房地产领域的行为。

(二)金融监管的放松

企业投资结构过度金融化除了与企业本身的套利动机和预防动机相关外,还与外部的金融监管程度直接相关。日本和德国都是以发达的制造业为国民支柱产业的国家,但由于两国关于金融管制程度的差异,导致近年来两国的经济发展走向出现明显差异,日本的金融管制相对较松,导致资金过多地从实体经济流向虚拟经济,经济陷入长期萧条。而德国对于金融领域管制非常严格,有效促使资金平稳地流向实体经济,保证了经济运行的健康与平稳(王永钦等,2016)。刘晓欣和张艺鹏(2019)认为中国的金融监管也存在不到位的情况,金融创新以及监管的放松使得金融机构之间的同业业务规模迅速膨胀,并产生较高的超额利润,这诱导实体企业越来越依赖于通过金融渠道获利(张成思等,2016),同时在资金相对有限的情况下,减少对实体企业的投资(胡奕明等,2017)。李扬(2017)认为金融对实体经济疏远的根本原因是随着经济和金融企业自身的不断发展,金融领域的产品创新层出不穷,导致通过金融市场传导来影响实体经济的货币政策被弱化了。

(三)税收政策

与本书研究相关性较大的是探索宏观税收政策对企业投资金融化的影响。既有文献针对中国多方面税收改革政策导致企业投资结构的"脱实向虚"或者"脱虚回实"影响方向和传导路径进行了分析,分解来看,研究的思路主要为检验近几年来中国施行的各类降税政策,是否通过缓解企业的融资约束、增加现金流等方式,改变了企业注重金融类高收益投资的做法。研究的内容集中于中国的房产税改革、增值税转型改革以及固定资产加速折旧改革等。不同文章的研究结论存在较大差异。周建军等(2021)以上海和重庆在2011年实施的房产税试点政策,利用中国35个大中城市2006—2018年的平衡面板数据对房产税影响企业投资结构"脱虚回实"的路径进行了探索,结果表明房产税的开征能够有效地引导企业投资回归实体领域。除了针对金融领域的税制改革,还有一些文献研究了实体投资领域的税收改革红利政策能否鼓励企业多进行实体投资,从而改善企业投资的金融化倾向。其中,黄贤环和王瑶(2018)研究了加速折旧对实体企业投资结构的影响,以2014年固定资产加速折旧所得税政策的出台为准自然实验的结果显示,实体投资领域的政策红利能提升企业的实体投资水平,但同时也提升了这类企业的金融化水平,表明两类投资是一种互补关系。徐超等(2019)研究了增值税转型改革对实体企业金融化水平的影响,他们以2009年中国实施的增值税转型改革为自然实验,捕捉实体税负下降是否能遏制企业投资结构失衡的外在变化,实证结果表明,增值税转型改革产生的税负下降显著降低了制造业企业的金融化水平,这一激励效应的中间渠道为税制改革提高了实体资产的收益率,从而促使企业将更多的资源配置到实体领域。从既有的实证研究的结论来看,通过降低企业整体税负以及增加房地产等金融类投资成本能显著抑制实体企业金融化水平,中国企业投资"脱实向虚"的主要动力在于投机性动机,而非"蓄水池"动机。与本书研究主题更为接近的是强国令和王月梦(2021)的研究,他们研究了"营改增"对企业金融化水平的影响,文章主要以不同产权类型企业面临的融资约束差异,来分析"营改增"如何通过缓解企业的融资约束,进而影响其金融化水平。研究内容发现,国有企业的金融化存在挤出实体投资的作用,但非国有企业的金融投资主要基于蓄水池的动机。但是他们的分析没有把"营改增"如何影响金融投资和实体投资的税收成本变化考虑进去,即只考虑了"营改增"的减税效应,没有考虑结构效应。

(四)宏观经济不确定性

除了宏观的货币政策和信贷政策等影响因素外,虚拟经济的繁荣与实体经济下行并行的局面,还可能与经济的不确定性和转型经济背景下不同部门之间动力的转换相关。彭俞超等(2018)利用上市公司数据的实证研究发现,企业金融化趋势与经济政策不确定性之间存在明显的负向关系,且融资约束程度越弱,这种负向影响关系越强烈。郭胤含和朱叶(2020)利用2007—2019年非金融上市公司的季度数据,也得出了相同的结论,并且他们发现地区的市场化水平越高,这种抑制效应越强。钱国军等(2020)在经济转型背景下,通过理论模型解析了虚拟经济中的房地产泡沫问题产生的根源,他们指出宏观经济"脱实向虚"的根本原因在于转型背景下,经济动力的转换引发了部门间的资本流动,他们进一步指出资金的脱实向虚会抑制制造业发展,且房地产泡沫破裂可能会产生巨大的系统性金融风险。

二、中观产业层面

所谓的中观层面,是指以国民经济某一部门或某些相似行业、产业整体作为研究对象,既区别于以万千企业为研究内容的微观经济,也区别于以总需求和总供给为研究内容的宏观经济("宏观调控研究"联合课题组,2011)。接下来,本书从产业政策、行业竞争和同群效应等方面对企业投资结构"脱实向虚"影响因素的文献进行梳理。

(一)产业政策

产业政策对实体企业投资"脱实向虚"的影响可能存在两条传导路径,以及由此产生两种不同的结果。一方面,产业政策能通过优化投资环境、缓解融资约束的途径抑制实体公司的金融化。另一方面,产业政策所涵盖的红利型政策可能扭曲企业的行为,产生较严重的产能过剩问题,企业不得不通过投资金融资产来维持经营。(刘帷韬等,2021)。步晓宁等(2020)认为产业的优惠政策归根结底在于给予企业一定的现金流,财务约束的放松可能导致企业为了挣"快钱",而将资金配置到金融资产。他们利用2009年中国出台的十大产业政策为自然实验证实了这一理论分析,并且他们发现产业政策的出台对于大型企业、国有企业的金融投资水平具有更为明显的促进作用。刘帷韬等(2021)的研究给出了不同的结论,他们以"十五"至"十三五"规划期间的产业政策信息为核心变量,检验了这一期间产业政策对实体企业投资结构的影响,结果显示产业政策能够有效抑制企业投资的"脱实向虚",其中的原理在于产业政策在内缓解了企业的融资约束,在外优化了投资环境。值得说明的是,关于缓解融资约束来影响实体企业投资是否会"脱实向虚"这一机制的不同结论,正是从蓄水池理论和逐利理论两个不同视角解释企业投资金融资产的动机所导致的。

(二)行业竞争与同群效应

市场经济下行业内部和行业间的竞争效应促使企业节约成本、提高组织效率,从而提升企业绩效和增加企业价值,可以说行业竞争成为市场机制有效发挥优化资源配置作用的最重要的途径。然而,基于市场经济的不完美性,行业竞争可能对于单个企业而言也会产生一定的负面效应,例如提高企业的融资成本(Branco et al.,2015)。就行业竞争对企业投资结构偏向金融化的影响,理论上而言可能存在两条截然相反的路径:一方面,面对市场竞争,企业可能通过不断提高创新水平、管理能力以及节约成本等方式,提高自身核心竞争力;另一方面,激烈的市场竞争可能使得企业被迫将资产投向高收益的金融领域,以求存活下来。关于这一命题的市场研究,既有文献给出了较为一致的结论。黎文靖和李茫茫(2017)认为实体企业有可能为了规避市场竞争,而将资产过多地配置给金融类投资产品。张春鹏和徐璋勇(2019)也认为市场竞争推动了企业的金融化,其中的机制在于在金融市场不完全的背景下,市场竞争使得企业的融资成本提高,促使企业进行跨行套利,从而导致投资"脱实向虚"的失衡性矛盾,而融资成本的这一调节效应在融资环境差、经济增速缓慢的地区更为显著。

市场中的每个企业并非独立于其他企业,同样企业对于投资的偏向也或多或少地受到其他企业的影响,少量文献基于互相模仿的视角研究了同群效应对企业金融化决策的影响。李秋梅和梁权熙(2020)的实证研究发现,企业投资的金融化倾向具有一定的传染性,同行业、同地区内其他企业的金融化程度能显著影响本企业的金融投资水平。得出这一结论的实证过程存在较大的内生性问题,即使他们利用了工具变量来解决,但由于工具变量为同群企业的金融投资收益率和波动率,无法满足工具变量的外生性条件,仍然存在反向因果问题,导致回归结论的存疑。

三、微观企业层面

(一)融资约束

虚拟经济的最终收益来自实体经济,从企业的角度来看,大部分文献认为投资结构"脱实向虚"的原因主要在于随着经济下行压力增大,实体经济的发展出现用工成本和税负上升,以及严重的产能过剩等问题,使得企业的成本上升,压缩了企业的利润(舒展和程建华,2017;张厚明,2018)。实体经济中的风险不断积聚,导致金融机构向企业提供贷款时逡巡不前(李扬,2017),实体企业的融资难度越来越大,融资成本上升成为企业投资"脱实向虚"的重要因素。彭俞超和黄志刚(2018)基于上市企业的实证分析表明,中国经济出现"脱实向虚"问题的主要原因是在普遍面临融资约束的背景下,银行给予风险异质性企业的信贷配额存在差异。企业越优质,越容易从银行获得更多的信贷,这促使企业将多余的资金投向金融类投资产品,进而导致经济的金融化。由于这部分资金本身来自金融机构,再将其配置到金融领域,相当于资金的"空转",这将产生一定的负面效应,导致企业的融资更加困难,尤其是对于中小企业,融资难、融资贵的问题会进一步加剧(封北麟,2017)。

由于金融歧视的存在(刘瑞明,2011),融资约束在不同规模和所有制企业之间存在较大差异,导致不同规模企业投资结构的扭曲性偏向的差异巨大,相对于大型国有企业,中小企业投资的"脱实向虚"的问题更为严重。中小企业普遍面临较高的银行信贷歧视,融资渠道更多地依赖于非正规金融市场,较高的融资成本直接导致利润下降。因此,为了追求更高的收益和流动性,企业将资金配置到金融资产,因此企业利润增长的来源主要是金融资产,而非实体投资的增长(刘晓欣和张艺鹏,2019)。

(二)股东和管理者的特征与金融化

一个企业的投资策略往往与决策者的个体特征紧密相关。有文献从投资者特征的视角对企业投资"脱实向虚"的影响进行了分析。Crotty(2003)、Stockhammer(2004)认为,如果企业中的股东价值导向引导企业管理人更看重企业的短期获利,那么企业会更倾向于将更多的资产配置到金融资产中。杜勇等(2017)认为现代企业的所有者和经营者分类的制度产生了企业投资的金融化。由于职业经理人对于决策企业投资方向具有较高权限,在信息不对称和激励机制不相容的现实条件下,职业经理人更倾向于投资金融资产以进行短期套利。刘伟和曹瑜强(2018)认为投资者的持股期限对企业投资金融化具有差异化的影响,只有短期机构投资者的持股才能显著地促进企业投资的金融化。闫海洲和陈百助(2018)发现企业管理层的自信和能力会显著影响企业金融类投资水平。叶永卫和李增福(2021)研究国企"混改"制度改革对企业金融资产配置的影响时指出,国企"混改"制度能够提高企业金融化的重要中间机制在于,非国有企业参股对国有企业形成一定的监督效应,并且提高了企业的融资约束程度,两方面因素增加了国有企业基于蓄水池动机配置金融资产的规模。

第四节　实体企业投资"脱实向虚"的经济后果

一、产生挤出效应

从总量上来看,既有文献大多认为经济"脱实向虚"不利于经济的长期增长。孟宪春等(2015)研究了金融类投资中房地产投资火爆对实体经济的影响,结果发现大量资本金涌入房地产,对实体经济产生了明显的挤出效应。陈斌开等(2015)通过研究发现房价对市场资源配置和全要素生产率存在显著的抑制性,如果房价上涨1%,市场的资源配置效率下降0.062%,则相应的TFP下降0.045%。还有一些文献指出虚拟经济膨胀对实体经济的挤出效应并不是线性的,而是在不同的经济周期阶段具有不同的效应,刘洁等(2019)通过研究发现虚拟经济在经济上升或下降期对国民经济具有促进作用,在平稳时期对国民经济具有挤出效应。

除了总量的挤出外,实体企业投资的过度金融化还对其经营绩效产生严重的抑制效应。戚聿东和张任之(2018)的实证研究发现企业投资短视化会降低企业价值,其中的作用机制在于金融类投资挤出了企业的研发投入和资本投资。谢家智等(2014)、王红建等(2016)、许罡和朱卫东(2017)等也得出相似结论。张昭等(2018)研究了企业金融化对实体投资效率的影响,他们认为金融投资对实体投资效率的影响是非线性的,过度的金融资产配置会抑制实体投资效率,其中通过影响实体投资渠道和技术进步是重要的中间机制。程凯和杨逢珉(2020)从产品质量的角度分析了实体企业投资过度金融化带来的负面效应,他们利用中国工业企业数据库和海关进出口贸易数据库,研究发现投资的"脱实向虚"通过挤出实体投资和削减利润的途径使得企业的出口质量下降。实体企业将资本过多投向金融领域,还会导致企业全要素生产率下降,黄环山和王瑶(2019)利用上市公司的数据研究发现,企业"脱实向虚"对于全要素的拖累主要通过抑制主业投资和人力资本投资两条途径来发挥作用,并且他们还在研究中指出,这种负面效应存在一定的持续性。胡之遜等(2019)也发现实体企业投资的"脱实向虚"会导致企业的全要素生产率下降,其中的机制在于过多的金融类投资挤占了企业的研发投入,并且这一效应在融资约束低、短视性企业中更为明显。

既有文献关于实体企业投资"脱实向虚"的研究,都先验地归因为企业的投机性动机,然而杜勇等(2019)认为企业金融化对企业实体投资具有"蓄水池"和"挤出"两种效应,只有当挤出效应大于"蓄水池"效应时,企业的金融类投资才会挤出实体投资。所谓的"蓄水池"效应,是指企业通过金融资产来实现资产增值,预防企业未来由于资金短缺而错失更好的发展机遇,即金融投资可以促进企业发展;而"挤出"效应则认为,企业的金融资产挤占了原本应该用于研发创新投资、更新固定设备类的资金,会阻碍企业的长期健康发展。

二、产生系统性金融风险

虚拟经济的超高收益吸引资金源源不断地从实体经济流向虚拟经济,形成金融部门的泡沫,这一过程的不断迭代会引起金融领域的系统性风险(成思危,2015;彭俞超等,2018)。除了实体部门与金融部门之间资金的异常流向外,实体部门内部风险传递也进一步加剧了系统性金融风险的发生。一方面,企业投资的金融化具有较强的同群效应,同类企业的投资策略会显著正向影响该企业的投资行为。刘景卿和李璐(2021)的实证研究发现同群效应对于金融系统的稳定性具有较大的破坏性。另一方面,企业的金融类投资还会通过影响企业本身价格波动的渠道,对金融市场的稳定性造成伤害。彭俞超等(2018)基于上市公司的数据研究发现,企业金融类投资对未来一期股价崩盘的风险具有显著的促进作用,且经营风险越高、监督程度越低的企业中这种破坏性越强。

三、正面效应

实体企业投资金融化对企业本身和经济的稳定性产生危害似乎已经在学者中达成了共识,但有极少的学者对企业投资"脱实向虚"的影响后果持不同意见,认为这一投资的结构性偏向也可能存在正向影响。Aivazian 等(2005)认为企业投资偏向金融部门,从资金收益的角度而言是一种资源的优化配置,对企业的经营具有正面效应。Kliman 和 Williams(2015)基于蓄水池理论认为企业投资偏向金融资产是一种有效的资产风险管理行为,能在需要的时候迅速解决企业的财务困境,在企业面对发展关键期时发挥重要作用,是一种分散风险的投资。部分学者还从弥补企业投资不足等方面对企业投资金融化的正面效应进行争辩(方明月等,2020),认为金融投资对实体企业的投资具有促进和补充的作用。

第五节 减税政策对企业投资行为的影响

一、减税政策的收入效应:投资规模的视角

研究企业投资行为对税收政策的反应一直是当代经济学的热点(Hall and Jorgenson, 1967; Tobin, 1969; Hayashi, 1982; Cooper and Haltiwanger, 2006; House and Shapiro, 2008; Yagan, 2015;毛德凤等,2016;刘行等,2019;刘啟仁等,2019),这也是政策制定者根据宏观经济周期制定相应逆周期调整政策时的重要参考指标。中国宏观经济正面临前所未有的挑战,减税作为一项重要的财税政策,常被政府用作刺激经济增长的灵丹妙药(聂辉华等,2009)。

既有关于减税对企业行为影响的文献,其研究视角大多立足于减税的收入效应,即通过加计扣除、税收优惠等减税政策,降低企业实体投资的综合成本,从而显著提高企业的投资规模(杨灿明,2017)。中国的资本市场发展落后,银行的信贷领域又存在信贷歧视,导致中国的非国有企

业、中小企业普遍存在融资难、融资贵的问题（Mackie—Mason，1990；Zwick and Mahon，2017；于文超等，2018），减税带来的收入效应可以缓解企业的融资约束程度，从而促进企业增加实体投资。贾俊雪（2014）发现降低有效平均税率能够显著增加企业的市场进入率，以及新增企业的投资水平。毛德凤等（2016）以企业所得税法改革为自然实验，研究了降税效应对企业投资总规模的影响，他们的实证结果表明，降税的激励政策能有效地推进企业新增总体投资水平。

增值税的改革是自分税制改革以来政府进行结构性减税改革的重点领域。2004 年在东三省率先开始的增值税转型改革在促进企业投资以及引导企业投资结构调整、促进企业优化资源配置和提高绩效等方面起到了积极作用。聂辉华等（2009）利用工业企业数据库研究发现，增值税的转型改革提高了工业企业的实体投资规模，同时对于企业的产业结构优化和生产率的提高均具有不同程度的促进作用。毛捷等（2014）进一步分析了这一减税利好政策对不同行业企业的固定资产投资的影响，结果发现政策改革对不同行业的实体投资的促进作用存在明显差异，对石油化工业等行业具有正面影响，但对汽车制造业等行业的投资却产生了明显的抑制效应。申广军等（2016）以增值税转型改革为政策冲击，通过双重差分模型的实证研究得出了类似的结论，即减税对企业固定资产投资具有激励效应；同时，减税还能提升企业的供给效率，这一积极效应在国有企业、东部地区和出口企业中更为明显。吴辉航等（2017）分析了西部大开发中所包含的税收优惠政策对实体经济发展的影响，实证结果显示，名义税率下降 1%，将导致企业的生产效率提高 0.38 至 0.75 个百分点。Desai 和 Goolsbee（2004）、Edgerton（2010）、Park（2016）和 Zwick 和 Mahon（2017）分别从股息税、营业亏损抵免、替代性最低税和"红利"折旧政策对企业投资行为的影响入手，均得出减税能提高企业投资规模的一致结论。

二、减税政策的引导效应:投资结构的视角

政府的减税政策能有效引导企业的投资结构。一方面,减税具有信号传递作用,企业投资决策的主要影响因素是收益性,但资本的逐利性又存在两个显著的影响因素,既与资本的来源有关,又依赖于外部的投资机会(靳庆鲁等,2012)。企业在享受结构性减税后,能够获得配套的金融支持政策,从而增加各类金融投资水平。另一方面,减税可降低企业经理人的风险偏好,由于企业税负下降和税后收益上升,促使企业减少了高风险的金融投资,转而增加风险相对较低的实体投资。

当前中国经济发展过程中最突出的问题就是结构性问题,相应地,结构性减税政策也成为政府调节经济结构的有力财税手段,在中国所得税与流转税失衡的税制结构背景下,流转税逐渐成为结构性减税的主要对象(高培勇,2012)。如2004年开始的增值税转型改革,以及2012年开始的营业税改增值税等。关于增值税改革对企业投资结构的调整效应,文献中大多给出了积极性的结论。徐超等(2019)研究发现增值税转型改革有效促进了企业投资结构从虚拟经济中转回到实体经济,提高了企业的实际绩效。曹东坡和黄志军(2019)研究发现减税有效改善了投资结构,包括促进产业结构升级、提升民间投资力度、平衡区域间投资差异等。涂晓玲和邹梓叶(2019)以所得税改革为自然实验,利用双重差分模型分析了减税政策如何影响实体企业的虚拟投资水平,他们研究发现降税政策导致企业的金融化水平显著提高,但他们认为这种虚拟经济的投资能够扩大减税政策对投资扩张的激励效应。彭俞超等(2017)以企业实际税负为核心解释变量分析了减税对于企业投资"脱实向虚"的影响,结果发现降税政策具有优化企业投资结构的作用,企业实际税负越低,金融化程度越低,为今后通过减税缓解企业"脱实向虚"的趋势提供了政策启示。

第六节 "营改增"税制改革的多方效应分析

一、"营改增"对企业税负的影响

"营改增"之前,增值税和营业税是中国流转税中两大重要的税种。但营业税存在重复征税的问题,而增值税制仅针对增值部分征税,不存在重复课税的问题,且能最大程度地保持税收中性。因此为了减轻企业税负,促进产业融合,中国自2012年开始实施"营改增"。从理论上讲,"营改增"的直接影响是解决了服务业的重复课税问题,试点企业外购产品或应税服务时,可以抵扣进项税额,使企业税负有所下降(封云鹏,2017)。因此,"营改增"的减税效应成为人们关注的核心问题,有关政策效应的分析也集中在减税带给企业各方面激励效应的改变。姜明耀(2011)在"营改增"税制改革之初就研究了这一改革对工业和服务业等行业税负的影响,结果发现"营改增"使得服务业企业的税负波动明显,且远大于制造业企业。潘文轩(2012)测算"营改增"对服务业税负变动的影响,结果发现大多数生产性服务业的税负有所下降,但租赁业由于适用的税率较高,行业税负有加重的趋势。他在文章中进一步揭示出,税改后的增值税税率水平选择与中间投入比率是影响服务业行业税负变动的主要因素。田志伟和胡怡建(2013)发现短期内可以保障"营改增"行业的税负基本不变,但从长期来看,部分行业的税负有上升趋势。除了增值税本身的制度优势引起的降税效应外,乔俊峰和张春雷(2019)认为,"营改增"还可能对征税部门的努力程度产生差异化影响,从而影响税负。总体来看"营改增"的降税效果具有一定的滞后性,主要的降税效应来自2013年以后的试点企业。

除了对企业总体税负的影响外,部分学者还关注到"营改增"可能导致企业其他税种税负的变化。"营改增"涉及不同的纳税主体和行业,其中小规模纳税人、交通运输业、邮电通信业、文化体育业等在改革前后面临较大的税率差异,这可能导致企业在税制改革前后的税后利润产生变动,进而直接影响与之相关的企业所得税负的变动。曹越等(2017)以2010—2014年上市公司的数据为样本,研究发现,与非试点公司相比,"营改增"使得试点公司的所得税税负在之前试点地区有所上升,但在全国性试点地区有所下降。另外值得注意的是,"营改增"的降税效应存在异质性,胡海生等(2021)通过构建理论模型发现"营改增"降低了多数行业的税负,但现代服务业、生活服务业和金融业由于进项变少,且增值税税率比营业税税率高,导致这些行业的税负增加。

二、"营改增"对企业固定资产投入的影响

"营改增"的政策意图绝不仅是服务行业的减税,更深远的目标是减少重复征税带来的不公平问题,以及打通服务业和制造业间的抵扣链条,引导企业提高市场资源配置效率,推动制造业企业发展和转型升级(胡怡建和田志伟,2014;袁从帅等,2015;刘建民等,2017)。袁从帅等(2015)利用2007—2013年上市公司的数据研究了"营改增"税制改革对企业固定资产投资的影响,结果发现"营改增"没有显著提高企业固定资产和无形资产等实体投资。但范子英和彭飞(2017)基于服务业企业的数据发现,由于可以获得进项抵扣,"营改增"显著促进了试点服务业企业的固定资产的投资。李成和张玉霞(2015)基于进项税额的抵扣效应,认为"营改增"显著提高了企业的固定投资规模。这类研究主要从减税产生的收入效应的角度来解释"营改增"对企业投资行为的影响,还有一些学者认为"营改增"对企业投资行为的影响可以利用"非债务税盾"的视角来分析。姚宇韬和王跃堂(2019)认为由于固定资产和无形资产投资的成本可在税前扣除,相当于一种非债务税盾,因此,"营改增"提高了企业实体投资的积极性。

陈昭和刘映曼(2019)针对"营改增"这一优惠税改对企业固定投资的影响得出不同结论,他们研究2009—2014年上市公司的数据,发现"营改增"降低了企业固定资产投入的规模,主要原因在于制造业企业的固定资

产投资成本高、耗时长,导致企业迅速进行固定资产投资扩张的步调受限。潘文轩(2013)也认为"营改增"对企业固定投资的影响并不会立竿见影,主要原因在于固定资产具有更新周期较长的特点,试点企业可能在税改之前刚购进固定生产设备,从而在短时间内不会大规模购进固定设备。值得说明的是这种情况也是造成"营改增"试点企业减税效果较差的原因之一。

三、"营改增"对企业研发投入的影响

部分文献就税收制度改革与企业研发行为之间的关系展开研究,但针对减税是否能显著提高企业对研发投入的结论并不一致。一方面,减税能降低企业平均生产成本,产生收入效应,促进企业的创新性投资增加(Guellec and Van,2003);另一方面,由于研发投入具有专业性和外部性,降税可能无法提高企业研发投入的积极性。"营改增"通过进项可抵扣的方式,极大地促进了企业的研发创新行为(周密,2018)。一方面,"营改增"后,企业研发过程中购进产品和服务时产生的进项税,可以抵扣销项税,直接降低了研发过程中的成本。另一方面,"营改增"还通过产业的深度分工效应,促进服务业企业的研发成果市场转化,提高了企业的研发收益。李永友和严岑(2018)利用实证模型验证了"营改增"对制造业企业转型升级和技术投入的影响,结果显示,延长抵扣链条带来的减税效应,有效地带动了制造业的转型升级,但不同技术水平企业间提升研发投入的路径存在差异。张璇等(2019)从降低企业税负的视角研究了"营改增"对企业创新的影响,不同的是他们以专利产出数作为衡量创新支出的结果。结果显示,"营改增"的减税效应提高了企业创新水平,创新程度与税负下降幅度正相关。袁始烨和楼羿(2018)认为"营改增"对企业研发投入的促进作用还与区域产权保护程度息息相关,在产权保护较好的地区,"营改增"的减税红利对于企业研发投入的促进作用更为显著。由于"营改增"的改革工作是在不同地区、不同行业中分步推进,一般意义上的双重差分模型对政策效果的估计可能不够精准,师博和张翰禹(2018)利用模糊断

点的方法,研究了逐步试点的"营改增"政策对企业创新行为的影响,结果显示,"营改增"提升了企业创新数和创新质量。李启平(2019)、佘镜怀等(2019)、邹洋等(2019)分别以高新技术企业和科技服务业为分析样本,均得出"营改增"能显著提高企业研发投入的结论。

然而,关于降税政策对企业研发投入的影响,有文献持不同意见。由于研发类的投资具有一定的正外部性,不但存在投入不足的情况,还可能因为研发失败而导致全部的投入变为沉没成本。Piggott和Whalley(2001)认为企业研发活动具有高风险,但享受到增值税的抵扣优惠有限,导致企业的研发创新与营改增的关系不大。针对中国"营改增"的一些实证研究也得出负面结论,陈昭和刘映曼(2019)发现"营改增"政策对企业的研发投入的激励效应不显著。他们认为打通抵扣链条虽然在一定程度上降低了研发成本,但影响企业研发积极性的更为重要的因素在于风险性,由于外部的风险并没有实质性变化,因此企业没有增加研发投入的动力。另一类支持"营改增"对企业研发投入无显著影响的文献认为,企业所有产权的异质性影响了最终结论。钱晓东(2018)认为"营改增"政策影响在非国有企业中具有显著效应,但在国有企业中的作用不明显。

四、"营改增"对深化专业化分工、优化产业结构的影响

除了减税效应、优化要素资源配置的效应外,"营改增"的目标还在于通过理顺产业间的抵扣关系,促进产业间的深度融合与分工。营业税的课税对象是营业额全额,流转环节越多,产业链条越长,重复征税越严重,给分工与协作带来障碍。而"营改增"能促进专业分工的根本原因在于增值税的税收中性,增值税的税基是增值额,无论商品或服务在市场上流转了多少个环节,总税负都是各环节增值税之和,因此无论产业细化分工到何种程度,都对增值税负没有影响,在产业间协作更加紧密的经济社会里,增值税无疑是良税(郝晓薇和段义德,2014)。因此,"营改增"能够有效地推动产业的深度分工,促进新技术的研发和应用,实证文献中大多给出了积极的结论。例如,陈钊和王旸(2016)使用双重差分的方法研究了

"营改增"对专业化分工的影响,发现"营改增"使得市场的专业化分工进一步加深,制造业企业更倾向于对外经营涉"营改增"的服务业务。范子英和彭飞(2017)进一步利用投入产出表测算了产业间的互联程度,通过研究与分析,认为"营改增"仅在产业关联比较紧密的行业中存在减税效应,进而促进产业分工的精细化。王桂军和曹平(2018)进一步分析了"营改增"促进企业专业化分工之后对企业创新投入的影响。他们的研究发现,"营改增"显著地降低了企业的创新投入,反而更倾向于提高技术引进水平,使得企业的盈利能力和企业价值并未受到较大影响。

第三章 "营改增"与企业投资结构的"脱虚回实":实证检验

第一节 引 言

自改革开放以来中国经济增长迅猛,2010年GDP首次超过日本,稳居世界第二大经济体,进入中上等收入水平阶段,这对我国而言是进入高收入水平发展阶段的历史性机遇。世界前70个高收入国家的数据显示,中等收入水平国家平均需要11～13年的时间才可以进入上等收入水平(刘伟,2016)。然而,中国经济在快速发展的同时也面临着巨大的挑战。从总量上看,经济迈向中等收入水平,制约经济发展的约束条件发生了明显变动。国民经济运行成本明显上升,人口红利消失以及利率市场化改革受阻,使得中国企业的用工成本、资本成本均居于世界同等国家水平中的高位。在这种背景下过重的税收负担无疑是雪上加霜,甚至有学者指出中国企业承担的税负水平接近于死亡税率,中国经济进入"中等收入陷阱"的威胁已然成为现实。从结构上看,改革初期中国经济经历了两位数的高速增长,野蛮式增长的背后是较多的结构性问题。随着中国经济迈进新的发展阶段,新常态下经济增速放缓成为必然趋势,而随着增速放缓,曾经一度被高速经济增长所掩盖的多种结构性矛盾逐渐凸显。

实体经济和虚拟经济发展的失衡是当前中国经济突出的结构性矛盾之一。导致这一矛盾的原因有多方面,其中最为根本的是宽松的货币政策以及低迷的实体经济收益。2008年全球金融危机爆发后,为应对挑战,中央和各地政府实施了更加积极的财政政策和适度宽松的货币政策。

这一政策组合拳给金融危机后的中国经济注入了一剂"强心剂",使得中国率先从衰颓的国际经济形势中跳脱出来,并逐渐带动周边国家和全球经济的复苏。然而,大规模的刺激政策也给中国经济留下诸多"后遗症",其中"较为宽松的货币政策"造成超量广义货币发行,释放大量的流动性造成虚拟经济爆发式增长,而实体经济却面临投资增速缓慢、利润率快速下降等问题,经济"脱实向虚"的失衡局面日益严峻(马理和范伟,2019)。虚拟经济过快增长,不但吸收了本该用于实体投资的资金,还反过来推升了实体经济的用资成本,加重了经济结构的矛盾。宏观上实体经济与虚拟经济的失衡聚焦到微观企业,表现为企业的投资方向逐渐从实体投资转向流动性强的金融投资,造成企业投资结构的"脱实向虚"。

结构失衡叠加经济下行压力,通过实施货币政策来刺激经济的空间越来越受到限制,积极的财税政策成为宏观刺激经济的最优选择。积极的财政政策可以是发力于支出端,如提高财政支出规模,也可以是发力于收入端,主要的形式为各类减税和优惠政策(郭庆旺,2019)。在供给侧改革的宏观政策背景下,当前中央实施积极财税政策的思路主要在于收入端,通过有增有减的结构性减税降低企业生产成本,引导企业优化投资结构。增值税是中国第一大税种,一直是财税改革政策的重点。例如生产型增值税向消费型增值税转型改革就是一次旨在减轻制造业企业固定资产投资税负的一项重要改革(申广军等,2016;徐超等,2019)。"营改增"是围绕增值税进行的又一次意义重大的改革,是供给侧结构性改革中的关键财税改革内容,在调结构方面具有重要的现实意义。既有文献对"营改增"的政策实施的效果进行了多个视角评估,如拉长产业链条、专业化分工、带动转型升级、促进跨地区经营等(田志伟和胡怡建,2014;袁从帅等,2015;陈钊和王旸,2016;范子英和彭飞,2017;李永友和严岑,2018;强国令和王梦月,2021)。然而,相比于这类研究视角的丰富,关注"营改增"对企业投资金融化影响的文献还非常缺乏。由于缺乏这方面的研究,无论从学理还是经验上,都不能给出"营改增"对宏观经济结构具有优化调整的证据。

本章利用中国2012年开始实施的"营改增"税制改革为自然实验,通过双重差分实证模型,从税制调整对上市公司投资收益及其激励影响的视角,研究了"营改增"对服务业企业投资结构的调整效应。基于上市公司服务业数据的实证结果,"营改增"显著促进了这类企业投资结构"脱虚回实"的优化调整,相比于非试点企业,试点企业投资的金融化水平显著下降。针对实证结果中可能出现的内生性问题,本书通过多种方法予以检验,结论均稳健支持基本结果。另外,为了检验"营改增"对企业投资结构优化政策效果产生的时间,本书进行了动态回归分析,结果表明此次税制政策对企业投资结构的优化影响存在一定的滞后效应,在政策实施一到两年后,企业的虚拟投资规模出现明显的下降。进一步地,由于不同企业受"营改增"政策的影响存在较大差异,导致不同类型企业的投资模式转变对"营改增"的反应也各不相同,因此本书分别在不同所有制类型、不同融资约束程度、不同竞争程度和不同要素密集程度的企业中进行了多维度的异质性分析。结果显示,非国有企业的投资结构相比于国有企业,在"营改增"后,投资结构"脱虚回实"的倾向更为明显;融资约束越高的企业、竞争程度越高的企业以及资本密集度更高的企业享受"营改增"的改革红利更多,其投资结构"脱虚回实"的程度也更大,这几组结果增加了基本结论的可靠性。

本章内容可能的边际贡献有以下几个方面:第一,从研究视角上,拓展了税制改革对企业投资"脱实向虚"影响的内容。关于企业投资"脱实向虚"原因和治理的研究,大多从货币政策、经济不确定性等方面着手,很少有从税制改革的视角进行研究的。本章以"营改增"为政策背景,研究结论对现有文献做了有效补充。第二,从研究内容上,本章基于多种维度对企业进行分组,从多个层面研究了不同类型企业在面对"营改增"税制改革时投资行为的不同调整行为,为"营改增"税制改革的政策优化提供具有针对性的政策建议。

接下来本章的结构安排如下:第二节是研究背景与机理分析;第三节是实证设计与数据处理过程;第四节是基本回归结果分析和一系列内生

性、稳健性检验;第五节是多个层面的异质性分析;第六节是针对本章内容的总结以及相应的政策建议。

第二节 研究背景与机理分析

一、研究背景

"营改增"之前,中国的流转税制结构是营业税和增值税并行。改革开放初期,经济体制改革的思路是在计划经济框架下进行"放权"和"让利",是在计划经济的框架下结合市场机制的优势,既要依靠国家调节经济的行政性游戏规则的基调,又想利用价格机制在产品和要素市场来配置资源(楼继伟,2019)。改革初期的经济体制中各方利益复杂交错,千头万绪,中央决定让财税改革先行一步,作为抓手突破整个经济改革。在这一改革思路下,中国经济体制改革的重点基本是围绕着财税制度改革进行。改革开放初期的中国经济发展非常落后,其中一个重要的原因在于带有重复征税特征的营业税阻碍了工业重组和专业化(刘燕明,2017)。因此,1979年中国参考欧盟等发达国家和地区的做法引入增值税,取消全额道道征税性质的营业税,仅针对货物或劳务的增加值部分征税。这一改革对市场经济机制平稳运行具有重大影响,为确保平稳过渡,这一改革首先在上海、襄樊等几个城市试点,且改革的范围仅包含从事生产的机器机械、农业机具等部分动产。1994年分税制改革对中央和地方税收做了明确划分,为了实现两个比重中中央财政收入占财政总收入比重的提升这一目标,中央实施《中华人民共和国增值税暂行条例》及其实施细则,对增值税进行了深度、全面的改革,地区扩展到全国,征税范围扩展到全部有形动产、加工和修理修配劳务。此次改革的主要范围不包括服务业,一方面在于中国当时服务业发展还比较落后,规模很小,另一方面在于服务业的计税和征收过程相对繁杂,因此服务业中除了加工修理修配外,其他没有被纳入改革范围,仍征收营业税。

增值税的全面改革是分税制改革的重要组成部分,1994年的分税制改革将全国税收按照税种划分为中央税、地方税和共享税。由于增值税是税制改革后最大和最稳定的税种,中央将其定为中央和地方的共享税,分享的比例是中央和地方各占75%和25%。营业税全部归地方所有,并逐渐发展为地方财政收入中的最大税种。此次分税制改革虽然主要是收入上的分权,基本上没有进行事权的划分,但是由于增值税是共享税,且是中央财政收入中最大、最稳定的收入来源,中央政府为了确保本级财税收入的稳步增长和改革的顺利进行,在增值税的改革上配套了事权的改革,即设立了国税局来征收增值税,并且在行政关系上由中央统一垂直管理。至此,中国形成了增值税和营业税并行的流转税格局:增值税为中央和地方共享税,由国家税务总局垂直管理的国家税务局征收;营业税为地方税,由地方政府管理的地方税务局征收。

营业税和增值税并存的税制特征严重阻碍了制造业和服务业之间的产业融合,导致对同一个产品在生产环节和销售环节征两次税,不利于企业的扩大再生产和产业间的分工,掣肘中国经济结构转型。随着中国人口红利的消失,以及利率市场化改革的滞后,企业的用工成本和融资成本直线上升,在这些成本难以下降的条件下,通过税制改革减轻税负成本,成为促进企业发展、激发市场活力的重要途径。

2011年11月,财政部向国家税务总局提出了"营改增"的试点方案,并于2012年1月1日开始在上海的部分行业(1+6)开展"营改增"试点。其中,"1"是指交通运输行业,但不包括铁路运输;"6"是指六个现代生产性服务行业,包括信息技术服务、物流辅助服务、研发和技术服务、鉴证咨询服务、文化创业服务、有形动产租赁服务。税率方面,"营改增"后对改革行业新设了11%和6%两档增值税税率,其中交通运输业适用11%的税率,6个生产性服务业适用6%的税率。2012年8月1日起,"营改增"的试点范围扩大至北京、天津、广东、浙江、福建、湖北、安徽、江苏8个省、直辖市。2013年8月1日"1+6"的"营改增"试点扩张至全国范围。有了一定的试点经验后,在经济运行基本平稳的条件下,进一步推向所有服务行业,并且在全国一次性全部推开。2014年1月1日,铁路运输业和邮政业纳入"营改增"范围,同年6月起范围扩大至电信业。2016年5月,金融业、建筑业、房地产业和其他生活服务业也进行了"营改增"。至此,之前缴纳营业税的行业全部有序稳妥地进行了"营改增",标志着中国的增值税实现了在全产业链抵扣链条的完整性,带有重复征税特征的营业税彻底退出历史舞台(刘燕明,2017),确立了现代增值税制度。此次营业税改征增值税是分税制改革以来中国进行的涉及行业范围较广、力度较大的一次税制改革,是中央适应供给侧结构性改革要求,加快经济发展方式转型和产业结构优化升级战略,从战略高度做出的重大经济战略部署。"营改增"解决了之前征收营业税的服务行业中广泛存在的重复征税问题,有增有减的结构性降税也使得不同行业间的相对税负和利益平衡产生变化。

在中央和地方的税收分享策略上,"营改增"后地方政府在增值税收入分享中的比例增加了,其中的原因在于营业税的消失给地方财政收入的持续性增长带来了较大压力,如果增值税仍然按照之前的比例在中央和地方划分,则会对地方财政收入造成较大冲击,增加地方政府财政赤字和扩大债务的风险。因此,为了推动"营改增"的顺利进行,试点期间内,中央将"营改增"的增值税收入全部返还给地方政府,全面实施之后,增值税在中央和地方的分配比例由原来的75∶25调整为50∶50,这样基本可以保障地方的财税收入不变。

在税收优惠上,"营改增"压缩了地方制定税收优惠的空间,企业的实际税率可能因此上升。营业税属于地方税种,存在较多的税收优惠(高培勇和毛捷,2013)。然而,税收优惠会破坏税制的统一性,阻碍企业间的公平竞争。相对而言,增值税的税收优惠种类较少,主要是为了保证增值税的税收中性和抵扣链条的统一。"营改增"后增值税的"优惠"政策主要通过统一调整增值税税率的方式进行。目前增值税的基本税率由原来的17%降低到13%,农产品等适用的低税率由原来的13%降到9%,现代服务业仍维持试点期间的6%。因此,随着"营改增"的进一步改革和完善,原来享受营业税期间优惠的企业不再享有之前的优惠,而税收优惠是决定企业承担最终税负的重要因素,因此,企业承担的税负可能因此增加。

在税收征管上,"营改增"后征管效率更高,企业逃税大大降低,可能相应地增加企业实际税率。一方面,征税机构从地税局变为国税局,税务局与企业"合谋",从而"主动"帮助企业避税的意愿大大降低。1994年进行分税制改革,通过设立国税局来征收增值税的方式,首次将征税权赋予中央。不同于地税局由当地政府管理的模式,国税局是由中央统一垂直管理,大大降低了地方官员与企业进行"合谋"的意愿。另一方面,从征收难度上来说,营业税的征收难度比增值税的征收难度大,原因在于增值税的征税方式是环环抵扣,上游的销项税额直接关系到企业可抵扣的进项,导致上下游企业可以自发地相互监督和约束,提高增值税的征缴率(范子英和彭飞,2017)。而营业税票对企业作用不大,很难使上下游企业相互约束,且营业税的税收优惠种类较多,征收起来比较繁杂,难度较大。因此,"营改增"税制改革除了通过征税范围的变动、税率的变化和缴税的形式影响企业的实际税负外,还因征税机构的改变提高了企业的纳税遵从程度,使得企业实际税负产生相应的变化,从而引起企业相关业务税后利润的变化。

二、理论分析

"营改增"对企业投资结构影响的理论机制相对复杂。一方面,从税收制度改革的角度而言,"营改增"的减税会产生收入效应,享受减税的企业相当于获得了来自政府的税式支出,增加的现金流能激励企业提高投资水平(刘行和叶康涛,2013;申广军等,2016;彭俞超等,2017)。同时,"营改增"还具有调节效应,通过改变企业实体投资和虚拟投资的税收成本,影响不同类投资的税收收益均衡,从而引导企业投资行为的改变。另一方面,从企业自身的角度而言,企业进行金融投资,既可能是基于应对未来风险的"蓄水池"动机,也可能是基于最大化当期利润的逐利动机。

而"营改增"对企业投资结构的影响方向,既与税收制度改革产生的调节效应和收入效应有关,又同企业进行金融资产投资时的动机相关,关系矩阵中不同的组合,会对企业投资结构调整产生不同的影响方向。具体的影响分析内容如下:

在"蓄水池"动机下,企业进行金融投资的本质在于储蓄,与内外部的环境相关,当企业面临较高的金融风险、外部投资机会较少、不确定性更高时,企业更倾向于进行储蓄性金融投资(胡奕明等,2017);在逐利动机下,企业进行金融投资的本质是追求当期利润最大化,企业投资金融资产的根本原因在于金融资产的高收益性(彭佳颖和郑玉航,2012),当金融投资相对于实体投资的收益更高时,企业就会将资产配置于金融类产品,替代实体投资以追求高额利润,这是符合企业最大化自身利润的理性行为。同样,当经济形势和宏观政策变化时,实体投资的收益率会增加;而当金融资产的收益率下降时,企业的投资结构也会出现"脱虚向实"的调整,这是在约束条件下做出的最优之选。值得说明的是,这里的收益率指的是一种综合收益率,是将投资总成本、所面临的风险等全部考虑进去的期望值。

"营改增"的减税产生收入效应。当企业金融投资是基于"蓄水池"动机时,由于减税而获得更多现金流,可能导致企业增加金融类投资,加重"脱实向虚"的矛盾。原因在于,此时企业进行金融投资的动机在于弥补投资机会的欠缺和应对内外部的不确定性,当这些因素没有发生根本变化时,增加的资金仍会被企业作为储蓄性投资来配置,投向金融资产;当企业的金融投资是基于"逐利动机",增加的现金流可能导致企业同步增加实体投资和金融投资。原因在于,逐利动机下企业的投资结构是否改变,核心因素在于金融投资与实体投资的收益率是否产生变动。单纯从减税产生收入效应的角度而言,企业可能会扩大投资规模,但由于并没有改变两类投资的相对收益,因而不会影响投资结构。

"营改增"的调节效应主要通过引起实体投资和虚拟投资的税收成本变动,影响两类投资的相对税后收益。从实体投资的角度来看,在"营改增"之前,服务业企业为非增值税纳税人,进行实体投资的过程中,即使取得增值税发票，也无法用于抵扣税款。"营改增"后，试点地区、行业的服务业企业改变为增值税纳税人，随着实体投资获得的增值税发票，可以抵扣销项税，企业进行实体投资的税负将会明显下降，收益明显增加。从金融投资的角度来看，"营改增"对这类投资的减税效应较小，甚至所负担的税费可能有所增加，导致投资收益下降。主要的原因在于：第一，从税制本身的角度而言，"营改增"的减税效应依赖于对中间投入是否缴纳增值税，而由于金融业与其他行业的产业关联较低（范子英和彭飞，2017），导致企业在金融投资过程中基本没有产生可抵扣的项目，因而企业从事金融投资无法从"营改增"获得减税效应。这意味着，"营改增"后，试点企业金融投资的收益相对于实体投资下降了。第二，营业税中存在大量的税收优惠，随着"营改增"的推进，为了保证税制的统一和完整性，部分税收优惠逐步取消，这也可能会导致企业进行金融投资的收益下降。

"营改增"导致实体企业的投资收益相对于金融投资显著上升，企业进行金融投资，无论是出于蓄水池动机，还是套利动机，均能引导企业投资行为产生"脱虚回实"的结构性调整，但影响程度和路径有所不同。在逐利动机下，"营改增"导致企业减少金融投资的效应直接且明显。而在"蓄水池"动机下，引导企业减少金融投资、增加实体投资的主要原因在于，"营改增"是一项利好的税收政策，在促进产业分工的同时增加了投资机会，具有降低企业内部经营风险，以及稳定预期的作用，企业以储蓄为目的进行金融投资的意愿减弱，因此出售金融资产，利用资金来进行实体投资。

"营改增"对企业的金融化投资水平的影响，可以用表 3.1 来总结。在"营改增"的收入效应下，当企业基于储蓄动机进行金融投资时，会增加金融类投资，投资结构反映为加剧"脱实向虚"；当企业基于"逐利动机"进行金融投资时，企业同步增加实体投资和虚拟投资，投资结构基本保持不变。在"营改增"的调结构效应下，如果基于储蓄动机，则企业可能因为外部投资环境的改善而减少金融投资；如果基于"逐利动机"，由于不同投资类型的税后利益变动，则"营改增"能显著引导企业投资结构"脱虚回实"。

表3.1　　　"营改增"对企业投资"脱虚回实"影响的关系矩阵

金融投资动机＼"营改增"	收入效应	结构效应
蓄水池动机	增加虚拟投资	减少虚拟投资
逐利动机	实体投资与虚拟投资同步增加	减少虚拟投资

第三节　实证设计与数据来源

一、计量模型构建及指标解释

结合上文的背景介绍与理论分析,构建计量模型3.1来检验"营改增"是否具有引导企业投资结构"脱虚回实"的政策效果。式中,下角标 i 表示企业,j 表示企业所处的行业,k 表示企业所在省份,t 表示年份。

$$stru_{ijkt} = \alpha_0 + \alpha_1(policy_{jk} \times post_t) + \alpha_2 policy_{jk} + \alpha_3 post_t + \alpha_4 X_{ijkt} + \gamma_{kt} + \mu_i + \theta_t + \varepsilon_{ijkt} \tag{3.1}$$

被解释变量 $stru_{ijkt}$ 为企业投资的金融化水平,以金融投资除以企业总资产来代理。基于稳健性的考虑,参考既有文献(Demir,2009;张思成和张步昊,2016;徐超等,2019;蒋世战,2020),本书对被解释变量进行了两种设定:一是狭义的金融投资水平,二是广义的金融投资水平。其中,狭义金融资产水平＝(货币资金＋交易性金融资产＋可供出售金融资产＋衍生金融资产＋持有至到期投资＋应收股利和应收利息＋投资性房地产)/总资产;广义金融资产水平＝(长期股权投资＋货币资金＋交易性金融资产＋可供出售金融资产＋衍生金融资产＋持有至到期投资＋应收股利和应收利息＋投资性房地产)/总资产。

$policy_{jk}$ 是"营改增"虚拟变量。由于"营改增"在不同地区和不同行业内分批进行推进,因此 $policy_{jk}$ 虽然是 0—1 变量,但其所包含的信息包括地区、行业两个维度。当 $policy_{jk}$ 等于1时,代表样本期间内试点行业 j、试点地区 k 进行了营业税改征增值税试点改革,作为处理组;控制组的设定中,本书参考范子英和彭飞(2017)的设置方法,以服务业中未改革的企业为控制组。

值得说明的是,本章的实证内容重点是检验"营改增"的直接政策效果,因此以直接受"营改增"冲击的服务业为分析样本,剔除了样本中的制造业,在之后第五章和第六章检验"营改增"对企业投资结构产生的行业和地区外溢性时,将重点以制造业企业为分析样本。这样处理,主要基于以下两个方面的考虑:一方面,从影响机制来看,"营改增"影响制造业和服务业金融投资水平的机制存在差异。对于服务业,受"营改增"的影响源自税制改革改变了企业的纳税人身份。而对于制造业,企业原本就是增值税纳税人,政策效果的差异来源于"营改增"前后购买的应税服务是否可以取得增值税发票,政策影响的程度主要依赖于中间投入与"营改增"行业的关联紧密程度。另一方面,从实证设计来看,制造业与服务业在行业层面存在较大的系统性差异,尤其是在投资结构、投资规模等方面,制造业偏向于固定资产投资,服务业偏向于无形资产。随着生产型增值税向消费型增值税转型,制造业加大了对固定资产的投资(申广军等,2016),两类企业间的差距可能随着时间的推移不断扩大;更为棘手的是,由于"营改增"后,随着产业链条的打通,生产性服务业的跨区域活动增加(范子英和彭飞,2017),非试点地区的制造业购买试点地区的应税服务,会使得这类地区的制造业企业受益于"营改增",同时也存在减税效应。因此,如果将制造业作为分析样本,在地区层面就无法清晰地界定出哪些制造业受到了政策影响,哪些制造业没有受到影响,导致控制组不满足SUTVA(stable unit treatment value assumption)条件。因此,本章实证将制造业企业排除在样本之外。

$post_t$ 是代表改革前后的虚拟变量,由于"营改增"并非都在当年年初推开,这给以年份为单位的样本期间设定带来一定障碍。参考陈钊和王旸(2016)、刘建民等(2017)的处理方法,对年中实施"营改增"的地区和行业,将每年1到6月试点的上市公司以当年为处理组,7到12月开始试点的企业以下一年为处理组。主要考虑到如果企业下半年被纳入试点范围,那么"营改增"的政策效应对企业投资结构的影响不会马上显现,如果将这类企业纳入处理组,可能对估计结果有一定的影响(袁从帅等,2015)。

参考既有文献,本书加入一系列的控制变量(Shin and Zhao,2013;刘贯春,2017;彭俞超和黄刚,2018;徐超等,2019),包括企业规模,以企业总资产的对数来代理;企业的杠杆率,以企业总负债与总资产的比值表示;企业的盈利能力,以净资本收益率来表示,等于企业的净利润除以所有者权益;现金流,用以控制流动性对企业投资结构的影响,以经营活动产生的现金流除以营业收入来度量;管理效率,用以控制企业组织效率对投资结构的影响,参考徐超等(2019)的做法,以企业管理费用与营业收入的比值表示。参考文献中的大部分做法,企业成长性以托宾 Q 值来代理。另外,为了排除不随时间变化的个体因素对结果可能的驱动作用,本书控制了企业的固定效应(μ_i)和年份固定效应。考虑到地区的经济发展水平和投资政策在时间上存在动态变化,这些对上市公司的投资结构均可能存在较大影响,本书控制了省份和年份的交项固定效应(γ_{kt}),以排除这些随省份和时间变化而变化的政策和宏观经济因素的影响。

二、数据来源与处理

本章所利用的数据主要来自 2009—2015 年的国泰安数据库(CSMAR)上市公司数据库、万得资讯金融终端、企业年报以及企业网站等。应用的指标包括上市公司的基本信息和财务指标,其中基本信息包括识别企业信息的股票代码、会计期间、开业年间、注册地址、所属行业、最大股东的所有权信息等;财务指标包括各类金融投资的规模、实体类投资的规模、总资产规模、负债合计、净利润、营业收入、经营活动产生的现金流量净额、所有者权益合计等,数据分别来自资产负债表、利润表、现金流量表等。

关于样本期间,本书将时间截至 2015 年,主要考虑到这样处理能避免"营改增"扩围对结果的影响(李永友和严岑,2017)。在这一时间段内,改革的行业范围变化不大,且改革对象主要为生产性服务业,对企业生产性投资行为决策的影响较大；而将期初设置为 2009 年，主要保证政策发生之前的年份与之后年份相同，且考虑到此时增值税转型改革基本完成，服务业企业购进固定资产和无形资产等实体投资的进项税可以完全抵扣，这为"营改增"推动服务业提高实体投资、减少虚拟投资供了现实条件。另外在此期间，国内基本没有进行过其他大的税制改革，避免了其他变量对本书实证结果的干扰。

基于本书的研究需要和排除对实证结果可能产生的影响，本书对数据还做了如下清理工作。首先，为了排除特殊企业对结果的干扰，本书剔除了在样本期间内进行了重组上市的公司。由于重组上市的公司要么直接退市，要么即使重新上市，其经营也经常处于不稳定的状态，经营范围和地址往往会变更，因此参考既有文献中大部分的做法，本书将这部分样本删掉。其次，本书的研究聚焦于实体企业，因此本书将样本中的金融业企业删掉。最后，本书剔除了指标异常的样本，例如固定资产净额大于总资产。为了排除实证结果是由于极端值驱动的，本书对数据进行了前后1%的缩尾处理。各变量的计算度量和描述性分析见表3.2。

表 3.2　　　　　　　　变量的描述性统计

变量名称	度量方法	均值	标准差	最小值	最大值
广义金融投资水平	广义金融投资/总资产	0.26	0.163	0.038	0.778
狭义金融投资水平	狭义金融投资/总资产	0.229	0.152	0.028	0.72
企业规模	总资产取对数	21.954	1.269	19.778	25.928
杠杆率	负债合计/总资产	0.411	0.207	0.043	0.842
盈利能力	净利润/所有者权益合计	0.08	0.078	−0.217	0.315
现金流	经营活动产生的现金流量净额/营业收入	0.093	0.174	−0.536	0.665
管理效率	管理费用/营业收入	0.095	0.068	0.01	0.387
托宾Q	企业市值/总资产	2.049	1.18	0.925	7.404
企业年龄	开业一年	14.183	5.368	2	28

资料来源：作者根据国泰安数据库计算和整理。

第四节 实证结果与稳健性检验

一、基本回归结果及其经济学分析

本书分别以狭义的金融资产和广义的金融资产为被解释变量,对计量模型3.1的回归结果见表3.3。从第(1)(2)列的回归结果来看,在没有放入任何控制变量的情况下,核心解释变量的回归系数在99%的统计水平上显著为负,说明相对于没有受到政策影响的企业,"营改增"税制改革明显降低了试点企业的金融投资水平,金融投资占总资产的比例相比于没有进行"营改增"的企业而言,降低了0.0435个单位,这一结果意味着"营改增"有效地促进了企业投资结构进行"脱虚回实"的调整,优化了投资结构。进一步地,为了排除这一结果是由其他相关变量驱动的,本书加入了一系列可能影响企业金融投资的变量,以控制这些因素对政策估计效果的影响。从第(3)(4)列的估计结果来看,随着其他变量的加入,核心解释变量的显著性和回归符号的方向没有出现较大改变,表明这一回归结果基本是稳健的。为了排除其他随地区和时间变化的宏观因素和政策层面的影响,在第(5)(6)列中,本书加入了省份和时间的交乘固定效应。回归结果显示,核心解释变量的系数仍然在99%以上的统计水平上拒绝等于0的原假设。三类回归模型下的类似结果,较为可信地证明试点企业的金融投资水平明显低于样本中的其他企业。这一结果有两方面的经济学含义:一方面,"营改增"改变服务业企业的纳税人身份后,能够显著降低企业进行金融投资的意愿,投资结构出现"脱虚回实"的优化调整。另一方面,结合前面的理论分析可知,"营改增"对企业的金融投资水平具有显著的抑制效应,表明"营改增"对企业金融投资水平影响的过程中,主要发挥其调结构的效应,而非因减税带来的整体收入效应。

表 3.3　　　　　　　　"营改增"对企业虚拟投资的影响

	(1)	(2)	(3)	(4)	(5)	(6)
	狭义金融投资	广义金融投资	狭义金融投资	广义金融投资	狭义金融投资	广义金融投资
"营改增"	−0.050 1***	−0.043 5***	−0.039 0***	−0.031 3***	−0.037 9***	−0.041 8***
	(0.009 3)	(0.008 9)	(0.008 4)	(0.008 0)	(0.005 9)	(0.005 9)
企业规模			−0.019 7	−0.027 0**	−0.010 3***	−0.014 0***
			(0.012 2)	(0.013 1)	(0.003 5)	(0.003 6)
杠杆率			−0.347 0***	−0.353 3***	−0.310 8***	−0.333 6***
			(0.039 6)	(0.043 8)	(0.018 2)	(0.018 4)
盈利能力			0.086 0**	0.061 9*	0.101 2***	0.083 3***
			(0.034 9)	(0.036 5)	(0.023 9)	(0.023 6)
现金流			0.045 1***	0.047 2***	0.045 7***	0.049 3***
			(0.010 8)	(0.010 3)	(0.007 7)	(0.007 6)
管理效率			0.095 9	0.121 5	0.124 7***	0.165 1***
			(0.078 9)	(0.079 4)	(0.033 1)	(0.033 4)
托宾 Q			−0.010 3***	−0.009 6***	−0.006 7***	−0.007 6***
			(0.002 7)	(0.002 7)	(0.001 6)	(0.001 6)
企业年龄			0.004 1	0.006 6	0.000 5	0.001 0
			(0.006 6)	(0.006 6)	(0.000 8)	(0.000 8)
个体效应	控制	控制	控制	控制	控制	控制
时间效应	控制	控制	控制	控制	控制	控制
时间*省份	未控制	未控制	未控制	未控制	控制	控制
观测值	4 910	4 910	4 716	4 716	4 716	4 716
R-squared	0.806	0.839	0.840	0.872	0.902	0.923

注:*,**,*** 分别表示 10%、5%和 1%的显著性水平,括号内为标准误。

表3.3中控制变量的回归结果也基本符合理论预期及其相应的经济学含义。企业规模的回归结果为负,表明当企业规模更大时,其进行金融投资的程度越低,可能的原因在于,企业进行金融投资往往是在经营状况不佳时进行的投机行为,大型企业的市场规模大,抗风险能力更高,经营状况较好,因此相对于规模较小的企业,其进行金融投资的意愿也较低。企业杠杆率的回归结果为负,表明企业的负债率越高,进行金融投资的程度越低,一方面,可能由于负债率越高,需要支付的利息越多,同时相应的融资约束也越大,制约了企业金融资产投资能力(徐超等,2019),另一方面,由于杠杆率衡量企业的负债风险,当企业的债务率变高时,从信贷部门借款的能力受到限制,也进一步限制了其进行金融投资的能力。企业的管理效率的系数不显著,结合管理效率的度量方法表明,企业的组织效

率与企业进行金融投资的关系不大,再次表明企业进行金融投资的行为大多是基于投机行为,与自身组织者的管理能力和管理效率无关。托宾Q的回归系数在1%的统计意义上显著为负,这说明企业的市场价值越高,其通过投资金融资产来扩大盈利的动机就越低,表明企业进行金融投资的动机多是在市场经营状况不佳时的次优选择。企业年龄的回归系数不显著,表明无论是新成立的企业,还是老牌的上市公司,在其他条件都相同的情况下,其进行金融投资的意愿和规模相差不大。

二、内生性检验

双重差分模型是评估政策效果的常用方法,通过这一方法得出可信结果的基本条件是平行条件假设,即处理组和控制组的变化趋势在政策实施之前不存在显著差异,如果这一条件无法满足,则会使得实证结果中混杂许多其他因素,产生所谓的内生性问题,导致结果出现不同程度的低估或者高估。接下来,为了排除基础结果中可能出现的内生性问题,本章分别进行了基于参数的安慰剂检验和利用 Bootstrap 进行的非参数安慰剂检验,来检验排除处理组和控制组政策改革前是否具有平行趋势。进一步地,本书还针对回归结果做了动态分析,用来检验政策发生效果的实际年份,增加结果的可信性。

(一)基于参数的安慰剂检验

为了排除实验组和控制组可能在政策发生前就具有系统性差异,不同组别之间投资结构变化并非由于税制改革的作用,本章采用重新设定改革时间,再重新回归的做法。如果处理组和控制组之间满足平行趋势假设,那么将改革时间设置在真实改革之前的年份,则不应该检测出两个组别之间的金融投资水平存在明显差异,否则,则表明基础回归中政策捕捉的效果中包含了不同组别之间的系统性差异。另外,由于"营改增"虚拟变量是在时间、省份、行业三个维度均存在变量,处理组和控制组两个组别可能在时间、行业、地区之间均存在一定的系统性差异,例如,时间上可能存在同一时间内其他政策的干扰,地域上可能存在随时间变化的其他地域特征的干扰。

表 3.4　　安慰剂检验

	(1)	(2)	(3)	(4)
	狭义金融投资	广义金融投资	狭义金融投资	广义金融投资
"营改增"	0.003 3 (0.039 8)	0.012 0 (0.035 9)	0.009 2 (0.032 9)	0.006 7 (0.030 2)
企业规模	−0.020 6* (0.012 4)	−0.027 5** (0.013 2)	−0.020 6* (0.012 4)	−0.027 6** (0.013 1)
杠杆率	−0.353 0*** (0.039 9)	−0.358 0*** (0.043 7)	−0.353 2*** (0.039 9)	−0.358 2*** (0.043 8)
盈利能力	0.082 9 (0.035 2)** (0.036 8)	0.059 4	0.082 8** (0.035 3)	0.059 3 (0.036 8)
现金流	0.044 8*** (0.010 8)	0.047 0*** (0.010 2)	0.044 8*** (0.010 8)	0.047 0*** (0.010 2)
管理效率	0.105 0 (0.080 2)	0.129 6 (0.079 9)	0.104 7 (0.080 0)	0.128 6 (0.079 7)
托宾 Q	−0.011 8*** (0.002 7)	−0.010 9*** (0.002 7)	−0.011 9*** (0.002 7)	−0.010 9*** (0.002 7)
企业年龄	0.003 1 (0.007 4)	0.005 8 (0.007 1)	0.003 2 (0.007 5)	0.005 9 (0.007 1)
个体效应	控制	控制	控制	控制
时间效应	控制	控制	控制	控制
观测值	4 716	4 716	4 716	4 716
R-squared	0.806	0.839	0.840	0.872

注：*，**，*** 分别表示10%、5%和1%的显著性水平，括号内为标准误。

本章采用两种方法来进行安慰剂检验。第一，针对处理组和控制组在时间变动上平行趋势的检验，本章将真实政策发生前的年份作为样本，本书假定2010年为政策发生年，重新按照基础模型3.1进行回归，结果见表3.4的第(1)(2)列，核心解释变量的系数不显著，初步表明基础回归中捕捉到的政策效果，由改革前系统性趋势的变化所致的威胁性不大。第二，针对处理组和控制组在地区间的系统性差异，本书参考 Cai et al. (2016)的方法，进行第二重的安慰剂检验。本书通过随机挑选处理组，再与控制组比较,如果在处理组随机抽样的设定下,发现"处理组"与"控制组"之间存在系统性差异,表明本书基本回归结果中捕捉的政策效果有偏差,估计结果中涵盖了未观测到的因素,产生了内生性问题。由于本书的试点企业在地区和行业上均存在变化,因此本书分别在地区、行业上随机选取与处理组个数相同的地区、行业为处理组,并假定位于这些地区、行业的企业施行了"营改增"试点改革,作为处理组,其他的企业作为对照组。回归结果见表3.4的第(3)(4)列,结果显示,核心解释变量的结果不显著,表明在以"安慰剂"方法下设定的"处理组"和"控制组"的金融投资水平没有差异,这一结果再一次证明基本回归中的政策效果并非来自两个组别的地域或行业间的系统性差异,增加了回归结果的稳健性。

(二)基于Bootstrap的安慰剂检验

基于参数的"安慰剂"检验方法是一次性赋值,免不了存在偶然性因素,导致"安慰剂"的稳健性检验效果存疑。为了获得更加稳健的"安慰剂"检验效果,本书采用一种非参数的"安慰剂"检验方法。具体的做法是在上述参数"安慰剂"检验思路的基础上,通过随机赋值,重新构造"处理组"和"控制组",并将这一结果重复多次,通过观测每次回归结果的回归系数和标准误的分布规律,利用图像将数次结果的分布呈现出来,通过大样本排除一次赋值得出偶然性结果的可能性,以获得稳定的"安慰剂"检验结果。具体可参考Cai et al. (2016),本书分别重新构建 组随机的虚拟变量,并令这一变量的0和1的个数分别与真实的"营改增"虚拟变量相同,以求最大限度地保证"安慰剂"与真实变量之间的相似性,然后以安慰剂为核心解释变量,其他回归变量与基本模型保持不变,重新回归。为了防止结果的偶然性,本书将这一过程重复了1 000次,并将每次回归结果的回归系数和标准误提取出来,绘制其分布图。基于两个口径度量企业投资金融化水平的回归结果的参数分布见图3.1和图3.2。两类回归系数的分布都集中在0附近,且p值的分布规律表明这些回归结果都不能通过回归系数异于0的原假设。两类安慰剂检验的结果表明时间和地域上的系统性差异不能威胁本书因果关系的成立。

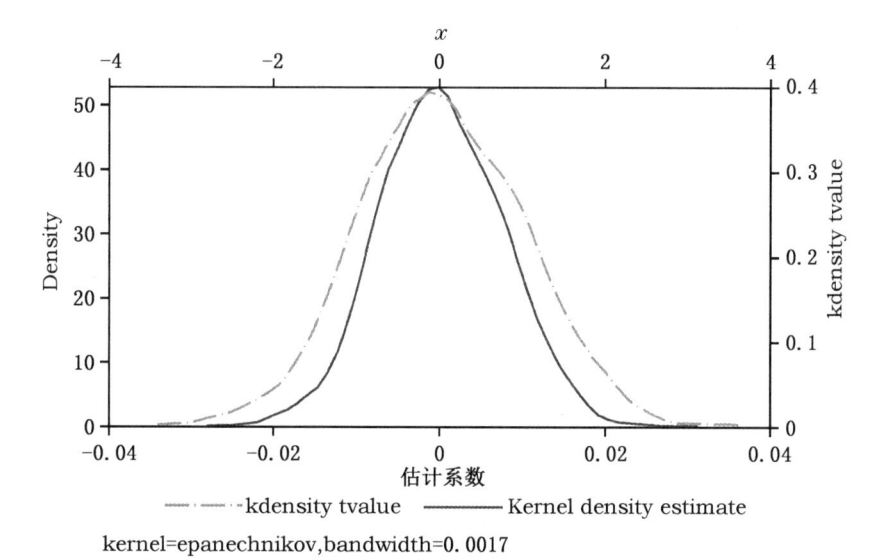

图 3.1 狭义金融资产的检验

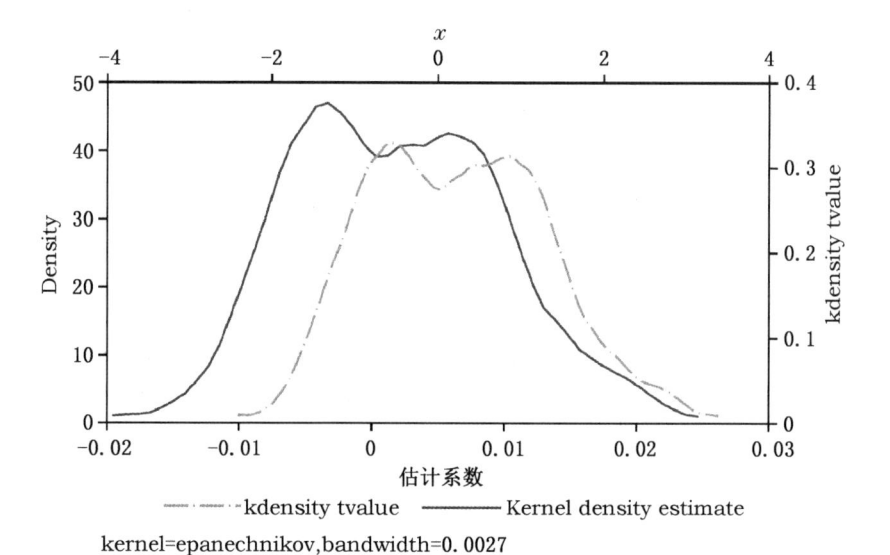

图 3.2 广义金融资产的检验

(三)动态效应分析

"安慰剂"检验是政策评估实证方法中的常用方法,但这一方法由于只能将"安慰剂"进行一次设定,仍然无法捕捉处理组和控制组在改革之前各个年份的变化趋势是否平行,而平行趋势假设是利用双重差分方法得出一致有效估计的基本假设。为了进一步地检验处理组和控制组之间的平行变化趋势,本书对基础回归模型进行了动态效应分析,其核心思想是在样本期间每一年都设定一个"安慰剂",从而动态检验各年份处理组和控制组间的差异。同时,这一方法的另一个优点是可以检测政策效果真实产生的年份。基础模型中捕捉的显著效应是平均意义上的,代表"营改增"之后所有年份的改革总效果相对于改革前的差异,无法具体知道真实的政策效果产生是在哪一年,通过动态效应模型,可以具体检验政策是在改革当年立刻有影响,还是存在一定的滞后效应。具体动态效应模型见公式3.2。

$$stru_{ijkt} = \alpha_0 + \sum\nolimits_{t=(2009,2015)} \beta_t (reform_{ijk} \times post_t) + \beta_2 reform_{ijk} + \beta_3 post_t + \beta_4 X_{ijkt} + \gamma_{kt} + \mu_i + \varepsilon_{ijkt} \tag{3.2}$$

本书绘制了95%置信区间下核心解释变量的估计结果,见图3.3和图3.4。从图形反映的因果来看,β_t在政策发生年之前的回归系数均不显著,表明实验组和控制组在试点之前的各个年份内均不存在明显的系统性差异,比较完备地检验了平行趋势假设。此外,估计系数β_t从政策改革之后第1年或第2年开始明显异于0,并在之后的年份回归系数不断增大,说明"营改增"税制改革对企业投资结构"脱虚回实"的影响存在一定的滞后性,在事件发生之后一到两年政策效果才开始显现。其中一个重要的原因在于企业投资结构的调整,尤其是由金融类投资向实体投资的转变,存在较大的调整成本,例如投资战略的调整需要报上市公司董事会通过、实体投资中的固定投资规模较大,尾大不掉,导致调整时效存在一定的滞后性。

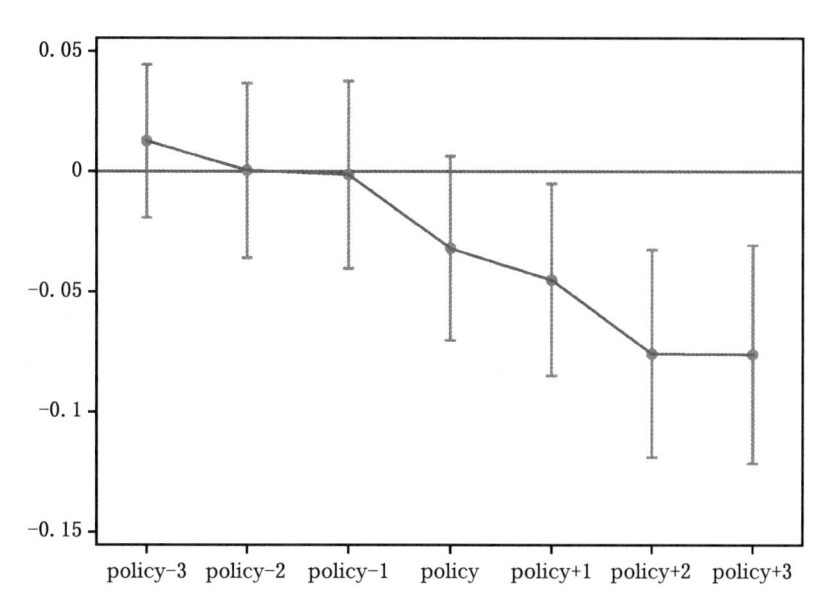

图 3.3　狭义金融资产水平的动态回归

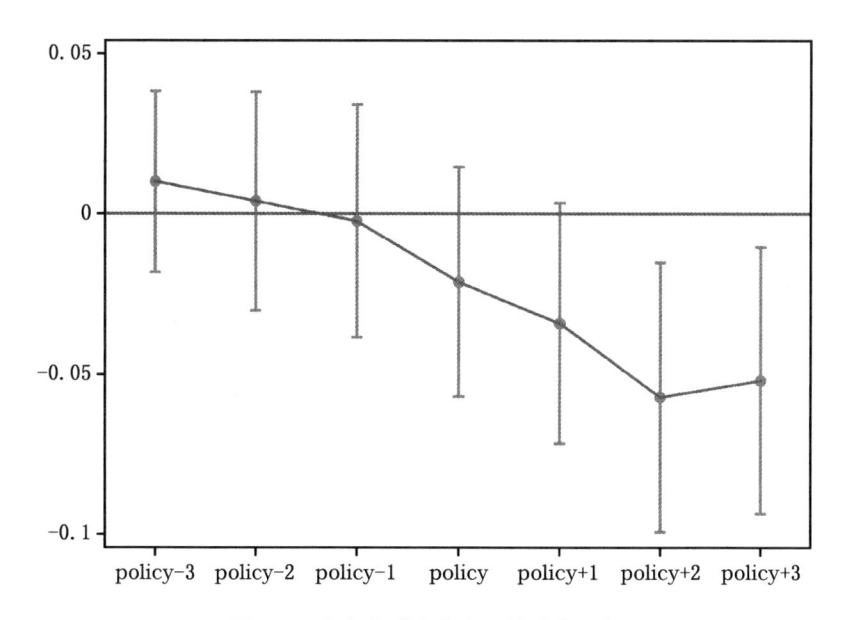

图 3.4　广义金融资产水平的动态回归

第五节 多维度的异质性分析

一、不同所有制企业间的政策效果差异

上市公司中不同产权性质企业的融资约束和现金流松紧度存在较大差异,导致国有企业与非国有企业对虚拟经济领域的投资意愿可能具有明显差异(刘伟和曹瑜强,2018;刘金东和管星华,2019),从而"营改增"的调节效应对两类企业的投资"脱实向虚"也存在差异化影响。首先,对于经营目标而言,相较于民营企业以利润最大化为目标,国有企业承担了较多的政治和经济社会目标,在多重目标的约束下,其投资结构对"营改增"税制改革的反应可能不敏感,因为企业无论是投资"脱实向虚"还是"脱虚回实",其背后"看不见的手"并非"利润最大化"这一目标,导致税制改革引起企业投资税后利润变动,进而引起企业投资行为变化这一机制链条失效。其次,从融资约束和现金流水平上而言,国有企业相较于民营企业更容易获得政府的财政补贴和其他各种类型的税收优惠,因而业绩压力不大(刘伟和曹瑜强,2018);而民营企业由于在信贷市场上普遍面临"信贷歧视"(吴联生,2009),同时也较难获得政府的财政补贴和税收优惠,面临更高的融资约束水平,因此具有更强烈的动机利用税制改革带来的减税效应来提高利润(彭韶兵和王伟,2011)。综上,在面临"营改增"税收优惠时,国有企业相对于民营企业进行投资结构调整的动机较弱。

本书根据最大股东的产权性质将样本企业分组,并在狭义的金融投资和广义的金融投资为被解释变量的模型下分别进行回归,回归结果见表3.5。其中第(1)(2)列为国有企业的分样本回归,第(1)列是以狭义的金融投资为被解释变量,第(2)列是以广义的金融投资为被解释变量。同理,第(3)(4)列是非国有企业的分样本回归。第(3)列以狭义的金融投资为被解释变量,第(4)列以广义的金融投资为被解释变量。从表3.5综合反应的结果来看,无论是在哪种指标下,国有企业在面对税制调整时,其

金融投资的水平与未改革前没有较大差异;而民营企业在两种度量指标下都反映出,"营改增"税制改革使得受政策影响的企业比没有受政策影响的企业表现出显著的"脱虚"的结构调整效应。两组结果表明,税制改革对企业投资结构的调整效应存在明显的所有制差异。

表 3.5　　　　　　　　不同产权性质企业的异质性分析

	(1)	(2)	(3)	(4)
	国有企业		非国有企业	
	狭义金融投资	广义金融投资	狭义金融投资	广义金融投资
"营改增"	−0.005 4 (0.009 4)	−0.007 5 (0.008 7)	−0.068 9***	−0.053 0*** (0.013 0)
控制变量	控制	控制	控制	控制
个体效应	控制	控制	控制	控制
时间效应	控制	控制	控制	控制
观测值	2 362	2 362	2 343	2 343
R-squared	0.871	0.913	0.825	0.846

注:*,**,*** 分别表示 10%、5%和 1%的显著性水平,括号内为标准误。

二、不同融资约束程度企业间的政策效果差异

"营改增"引起企业投资结构的优化,还可能与企业的融资约束程度存在较大关联。既有文献表明,融资约束越高的企业会进行较多的金融投资,这类企业常常是在信贷市场上融资受阻的企业,被迫通过高收益的金融投资来进行融资。另外,由于融资约束程度高的企业,在激烈的市场竞争中面临的生存压力更大,在进行投资时面临的机会成本也更高,投资决策时会格外注重所投资的资产收益情况。因此,当"营改增"的减税效应使企业的融资约束得到缓解,以及调整效应引起实体投资相对于虚拟投资的税后利润增加时,有可能迅速地引起融资约束高的企业的投资进行调整,"脱虚回实"的效果显著。而对于融资约束较松的企业,由于经营风险较小,信贷融资等直接融资渠道通畅,同时资金较为充裕,经营业绩的压力相对较弱,因此对于税制调整的反应可能不会特别敏感。

本书按照企业的融资约束程度分组，并在高融资约束与低融资约束的样本中分别回归，以检验面临不同的资金约束状况时企业的投资结构对"营改增"税制改革的反应程度。参考项松林和魏浩(2014)的研究，企业的融资约束以企业利用信贷市场和商业拆借获得的融资能力来度量。其中，信贷市场获得的融资以企业的长期贷款和短期贷款之和来表示，而商业融资一般指上游企业通过延迟付款方式给予的融资，参考既有文献中的通常做法，以企业的应付账款来代理。将企业的信贷融资和商业融资相加，则为企业获得的外部融资，以企业规模进行标准化后，比值代表企业的融资约束：比值越大，代表融资约束越低；比值越小，代表外部融资约束越高。为了明确区分高融资约束和低融资约束的组别，本书分别计算出行业内部融资和外部融资的均值，高于均值的部分为低融资约束组，低于均值的部分为高融资约束组。

回归结果见表3.6，对比(1)(2)列和(3)(4)列的结果可见，当企业面临更高的融资约束时，投资结构调整应对税制改革变化更强烈，主要原因即为上文所分析的，当企业的资金紧张时，在经营业绩的压力下，企业的投资进行腾挪的空间较小，逐利的动机导致企业对税制改革释放的红利较为重视，从而迅速调整投资结构。"营改增"提高了企业进行实体投资的税收收益，金融投资的相对收益下降，企业能够迅速地减少金融类投资，在投资规模不变的情况下，增加实体规模投资，因而投资结构呈现出"脱虚回实"的动态调整过程。

表3.6　　　　　　　不同融资约束程度企业的异质性分析

	(1)	(2)	(3)	(4)
	高融资约束企业		低融资约束企业	
	狭义金融投资	广义金融投资	狭义金融投资	广义金融投资
"营改增"	$-0.044\,3^{***}$	$-0.037\,1^{***}$	$-0.017\,7$	$-0.013\,0$
	$(0.011\,4)$	$(0.011\,2)$	$(0.013\,9)$	$(0.013\,2)$
控制变量	控制	控制	控制	控制
个体效应	控制	控制	控制	控制

续表

时间效应	控制	控制	控制	控制
观测值	2 279	2 279	2 259	2 259
R-squared	0.841	0.894	0.889	0.897

注：*，**，*** 分别表示10%、5%和1%的显著性水平，括号内为标准误。

三、垄断行业与竞争行业间的政策效果差异

税制改革对企业投资结构的影响在不同竞争程度的企业间也可能存在较大差异。由于企业的目标是最大化自身利润，而竞争程度低的企业，通常具有一定的市场势力，其获得的利润中很大一部分来自其垄断地位产生的经济租。这意味着减税效应带来的利润增加，可能对这类企业的投资决策影响不大，因此，在面对"营改增"时，竞争程度较低的企业其投资行为调整可能存在钝感。而竞争程度较高的企业面临的竞争压力较大，平均利润相对较低，在生存的压力下，企业利用税制改革红利的动机越强，因此，本书预计"营改增"减税政策对高竞争程度企业的投资结构影响更明显。

为了检验不同竞争程度对企业投资行为应对税制改革的影响，本书在垄断性行业和竞争性行业中分别检验税制改革对企业投资结构调整的影响。关于区分垄断性行业与竞争性行业的标准，一些文献的做法是以行业的性质为划分标准，如岳希明等(2010)，以拥有固定资产且投资规模巨大，具有自然垄断性的行业为垄断性行业，包括铁路、水上和航空运输业、城市公共交通、邮政业、广播电视和卫星传输服务业和电信业，其他行业为竞争性行业。这种以行业类别为基础的划分方式比较粗糙，即使在同一行业中，也存在不同规模水平的企业面临的竞争程度各不相同的情况。本书构造行业的HHI指数(赫芬达尔-赫希曼指数)来度量竞争程度，再利用HHI指数的高低来区分高集中度行业和低集中度行业，从而度量其竞争程度。其中HHI指数以该行业前50名企业的营业收入与行业营业总收入之比的平方和来衡量行业集中度。HHI指数越小，代表行业的集中度越低，企业间的竞争程度越高；HHI指数越大，市场集中度也

越高,企业的竞争程度越低(曹瑞丹,2020)。然后,本书根据市场集中度的均值将样本分为高集中度行业和低集中度行业,其中将高集中度行业定义为垄断性行业,将低集中度行业定义为竞争性行业。

回归结果见表3.7,其中第(1)(2)列为高集中度行业,即竞争程度较低的行业,无论是在较为严格的口径下,还是在比较宽泛的度量口径下,企业的金融投资规模均没有对"营改增"税制改革表现出明显的反应,说明在主要依靠垄断地位和经济租获得高收益的企业中,应对税制改革的调控反应不敏感。第(3)(4)列是低集中度行业的回归结果,两种统计口径下,处理组企业的金融投资相对于控制组而言明显下降,且都至少在95%的统计水平上显著,表明在竞争较为激烈的行业中,面对生存的压力和利润最大化目标的约束,企业应对税制改革的反应非常敏感,"营改增"对企业投资结构的优化作用明显。

表3.7　　　　　　　　不同竞争程度企业的异质性分析

	(1)	(2)	(3)	(4)
	高集中度行业		低集中度行业	
	狭义金融投资	广义金融投资	狭义金融投资	广义金融投资
"营改增"	−0.023 8 (0.015 4)	−0.018 7 (0.014 4)	−0.026 9*** (0.010 0)	−0.021 5** (0.009 4)
控制变量	控制	控制	控制	控制
个体效应	控制	控制	控制	控制
时间效应	控制	控制	控制	控制
观测值	2 107	2 107	2 567	2 567
R-squared	0.848	0.841	0.863	0.881

注:*、**、*** 分别表示10%、5%和1%的显著性水平,括号内为标准误。

四、不同要素密集度企业间的政策效果差异

增值税相对于营业税最大的优点在于可以减少重复征税,实现的途径则是进项抵扣机制,因此"营改增"能够引导企业投资结构优化的一个基本途径是企业在投资时产生的进项税是否可以抵扣。进项税能否顺利抵扣,能够在多大程度上抵扣,对政策效果存在显著影响,而顺利实现进项税抵扣以及在多大程度上抵扣,与企业的要素结构又有密切关系。当一个企业为劳动密集型企业时,在政策改革中获得的红利要小于资本密集型企业,因为进项税主要产生于对资本品的购买,而非劳动力或人力资本。由此,本书检验了不同要素投入结构的企业,在"营改增"实施后,对企业投资结构的优化引导作用是否存在差异。

本书分别在劳动密集型企业、资本密集型企业[①]中检验了"营改增"税制改革对企业投资结构的影响,其中不同类型企业的划分参考刘志彪和张杰(2009)、葛顺奇和罗伟(2015)的做法,以固定资产净值年平均余额与资产增加值的比例反映企业资本密集度。然后,再根据行业均值设定分组标准,如果样本大于均值,则分别为高资本密集度企业,反之则为高劳动密集度企业。本书分别针对高劳动密集度企业和高资本密集度企业进行回归,结果见表3.8。实证结果与上述的理论分析一致,高资本密集型企业的投资结构应对"营改增"税制改革具有显著地降低金融类投资的反应。高劳动密集型企业的处理组与控制组之间几乎不存在明显差异,其中的原因就在于增值税的抵扣只针对资本类投资,而非劳动力或人力资本投资。

表3.8　　　　　不同要素密集度企业的异质性分析

	(1)	(2)	(3)	(4)
	高劳动密集度企业		高资本密集度企业	
	狭义金融投资	广义金融投资	狭义金融投资	广义金融投资
"营改增"	−0.018 9	−0.015 7	−0.044 9***	−0.047 6***
	(0.013 8)	(0.012 7)	(0.016 6)	(0.015 5)
控制变量	控制	控制	控制	控制
个体效应	控制	控制	控制	控制
时间效应	控制	控制	控制	控制

---

① 由于上市公司数据中没有具有技术职称的劳动力数据,本书无法衡量人力资本密集型企业的情况,因此没有在企业的分类中区分出人力资本密集型企业。

续表

观测值	2 537	2 537	2 563	2 563
R-squared	0.892	0.915	0.876	0.902

注：*、**、***分别表示10％、5％和1％的显著性水平，括号内为标准误。

第六节　本章小结

供给侧改革是顺应中国经济从高速增长阶段向增长低速、发展高质量阶段转换的综合性改革，而"营改增"则是一系列供给侧改革中发挥重要作用的财税改革中的关键一环，具有牵一发而动全身的功效。"营改增"对企业的投资结构产生了较为深远的影响，主要原因在于"营改增"打破了企业在不同类别投资收益下的平衡，通过增加实体投资进项税抵扣的方式，增加了企业进行实体投资的收益，因此具有引导企业投资结构"脱虚回实"的积极效应。本书基于2009—2015年上市公司的数据，利用"营改增"试点改革为自然实验，实证检验了"营改增"税制改革对服务业企业投资结构的影响。实证结果表显示，企业的投资结构对"营改增"的反应非常敏感，试点企业相对于非试点企业而言，其投资的金融化水平明显下降，企业投资结构优化明显，表明中国的税制结构调整具有较明显的引导企业行为调整的效应。基于基础回归中可能出现的内生性和遗漏变量问题，本书分别进行了参数和非参数的安慰剂检验，结果均稳健地支持基础结果的成立。在此基础上，本书对政策效果进行了动态检验，结果显示政策改革对企业投资结构的优化调整具有一定的滞后效应，基本在政策发生两年后，对企业投资结构的调整效应能通过95％意义上的统计学检验，表明企业的投资行为应对税制变化存在一定的调整摩擦成本。

进一步地，本书针对不同产权性质、融资约束、竞争程度、要素密集程度企业进行了异质性分析。结果显示，非国有企业的金融类投资变化幅度相对于国有企业更为敏感，主要原因在于非国有企业在市场化经营下以"利润最大化"目标为约束，而国有企业则承担了更多的政治和社会类目标,从某种意义上表明"看不见的手"比"看得见的手"在引导企业投资行为调整中发挥的作用更强。高融资约束企业相对于低融资企业而言,在捕捉税制改革释放的红利时更为积极,增值税打破实体投资与虚拟投资间的平衡后,高融资约束企业能更为迅速和明显地降低企业金融类投资水平,以达到利润最大化的目的。面对的竞争程度越高,企业随着税制改革而进行投资结构调整的意愿更强,因为在激烈的市场竞争中,尤其是在经济不景气的大环境中,企业的实际利润率较低,在巨大的生存压力下,更难融资的企业则更易积极地利用税改的红利,提高自身收益;相对于劳动密集型企业而言,高资本密集度企业在"营改增"改革中的收益更高,同时其投资结构优化的程度也较前者更为明显。

本章在研究视角上对"营改增"政策效果评估做了较为有意义的拓展工作,为深入理解中国的税制改革如何引导企业投资行为提供了翔实的微观证据。本书的研究结论具有重要的现实意义。本书结果表明中国的"营改增"对企业的投资行为具有积极显著的影响,未来在经济结构失衡矛盾突出的宏观背景下,政府应继续深化财税政策与体制改革,积极引导企业投资结构转型升级,增强企业进行实体投资,尤其是技术密集型高质量实体投资的意愿。此外,不同企业出现的差异化反应表明,应对打破既有利益平衡关系的税制改革对企业投资行为的影响方向和影响程度各不相同,需要根据具体税制改革的细节,结合企业的相关特征,有针对性地进行引导和调整。既要更为积极地引导融资约束紧、竞争程度高、资本密集型企业的投资结构优化,又要统筹融资约束较为松弛、竞争程度较低以及劳动密集型企业的投资行为,实现国民经济健康、高质量的发展。

第四章 "营改增"与企业投资结构的"脱虚回实"：作用机制

第一节 引 言

  前文的实证研究中，本书给出了"营改增"能有效引导实体企业的投资结构"脱虚回实"的经验证据，但其中的作用机制还不明晰。知其然并知其所以然是实证研究的重要目的，本章我们将对"营改增"引起企业投资结构"脱虚回实"的中间传导机制进行实证检验，研究"营改增"通过影响哪些变量，从而激励企业减少金融投资，转而增加实体投资。前人的理论工作可以为寻找真正的中间机制变量提供重要线索，使我们的实证探索有的放矢。现有文献中关于实体企业投资金融化的理论工具主要包括逐利理论和"蓄水池"理论。其中，逐利理论的主要内容可概括为：由于不同类投资收益的差异，企业在最大化当期利润目标下选择盈利率较高的资产进行投资，如果金融投资的收益相对于实体投资高，则企业投资偏离实体经济转而金融化是在自身利益最大化下的最优选择。"蓄水池"理论则认为企业投资金融资产是以预防性储蓄为目的，当企业面对的内部经营风险或者外部实体投资环境较差时，通过购置流动性高的金融资产来"蓄水"，可以规避未来资金链断裂，一旦企业未来的投资过程中面临资金压力甚至有资金链断裂的重大风险，或者遇到较好的投资机会却受到融资掣肘的情况时，就可以通过变卖金融资产的迅速获得现金流。

  逐利动机和蓄水池动机是从两个不同的角度解析企业投资金融化的原因，与之相适应地，在不同动机下影响企业金融投资决策的因素也存在重大差异。在逐利动机下,企业进行金融投资主要为套利,影响企业金融投资水平的主要因素为不同类投资的相对收益。因此,在既有平衡下,如果一个经济变量引起了金融投资收益相对于实体投资收益下降,那么这一政策改革可能引起企业投资结构的"脱虚回实"。而在蓄水池动机下企业主要为预防未来的经营风险,影响金融投资水平的主要因素为企业所面临的内部和外部环境的不确定性。因此,如果一项改革政策能够改变企业的内部和外部风险,那么从理论上来说也能够改变企业投资过度金融化的倾向。具体到本书的研究内容,以上分析表明如果"营改增"能够引导实体企业投资"脱虚回实",则说明至少对相对收益、内外部经营不确定性等理论变量产生了显著影响,从而弱化了企业进行金融投资的积极性。因此,我们将通过构建指标来刻画企业的逐利动机和蓄水池动机,并以此为基础检验"营改增"是否能够引起这些变量显著变化,从而通过改变这些变量,使得企业的投资产生"脱虚回实"的结构性调整。

结合第三章的理论分析可知,"营改增"引起企业投资结构调整的根本原因在于增值税的税制特征能降低实体投资的税负水平,而不影响金融投资的税负,具有结构性减税效应。然而,"营改增"对企业税负水平的影响除了税制改革本身外,税收执法水平也是影响实际减税程度的重要因素,因而税收征管可能也是"营改增"引起企业投资结构调整的重要中间机制。首先,从征管单位上来看,"营改增"不但改变了企业的纳税人身份,还随着税种的变化改变了征税的行政单位,由地税局改为国税局征收。由于中央垂直管理的国税局与地方政府间的联系较弱,征税过程难以被地方政府影响,因此"营改增"后对应增值税的征管效率大幅度提升。其次,从征管的难易程度来看,营业税较为分散,征收难度大,征管率不高;而增值税制环环抵扣的设计,能够形成企业间的相互制衡,金税工程实施后,企业逃避增值税的成本更是大大增加,征管率大幅提升。最后,从执法力度上来看,"营改增"的宏观减税效应给地方政府的财政收入带来了较大压力,再加上"营改增"后分享比例的提升,能够激励地方政府和税收执法人员加强征管。征管率的提升减弱了"营改增"理论上的减税效应,因此税收执法水平等提高可能会对冲"营改增"对企业投资"脱虚回实"的调整效应。

基于以上的逻辑分析,我们对"营改增"引导企业投资"脱虚回实"的中间机制进行了实证检验。本书分别构建了企业金融投资的逐利动机、"蓄水池"动机的相关指代变量,以及衡量税收执法水平的变量,通过中介效应模型,对"营改增"是否能引起这些理论变量显著变化,以及中介关系是否成立进行了检验。实证结果显示:"营改增"后金融投资收益相对于实体投资收益显著下降,而这一变动能够显著减弱企业投资金融化的倾向,意味着"营改增"通过改变金融投资与实体投资收益率的格局,从而引导企业投资结构"脱虚回实"的中介效应成立;在蓄水池动机下,"营改增"能够通过减弱企业内部经营风险,从而降低企业投资的金融化水平。但"营改增"通过影响外部不确定性,从而引导企业投资结构变化的中介效应不成立;"营改增"提高了地区的税收执法力度,而税收执法水平的提升会显著提高企业的金融投资水平,意味着伴随税制改革中征管率的变化,会在一定程度上减弱"营改增"对企业投资结构调整的政策效果。

相比于现有的一些文献,本章研究内容的贡献有两个方面。第一,我们根据影响企业投资金融化的理论研究工作,分别构建了相应指标,验证了这些理论变量构成"营改增"引起企业投资结构变化的传导变量。理论与实证的契合,强化了"营改增"税制改革引起企业投资结构调整的现实解释力。第二,我们首次从征管效率的角度研究了"营改增"对企业实际减税效应的影响,进而分析其对企业投资行为调整的影响,拓展了"营改增"税制改革对微观经济主体影响路径的研究。

第二节 机理分析与指标构建

一、逐利动机下的金融投资与对应指标构建

在逐利动机下,企业投资偏向金融资产的主要动因为金融投资比实体投资的收益率高，能够实现跨行业的套利。相应地，如果金融投资和实体投资的收益率格局发生变化，预计能够引起企业投资结构随之调整。当金融投资相对于实体投资的收益率上升，企业投资结构将进一步向虚拟投资倾斜，加重"脱实向虚"；而如果在既有平衡下，金融投资收益率相对于实体投资的收益下降，那么对于理性的企业而言，投资结构会逐步回归实体经济，产生"脱虚回实"的动态调整。基于第三章的理论分析内容可知，"营改增"之前，服务业企业为非增值税纳税人，进行固定或无形资产等实体投资时的增值税不能做进项抵扣；"营改增"后，试点地区、行业的服务业企业的身份由营业税纳税人改变为增值税纳税人，而中国早在2011年前后就已经完成了增值税转型改革，因此企业在购进固定资产时，获得的增值税发票可以作为进项税额进行抵扣；购进其他"营改增"行业的服务也可以抵扣进项。这意味着"营改增"企业在进行实体投资时享受到了明显的减税优惠，投资成本下降，税后的投资收益上升。而从金融投资的角度来看，由于金融业是自我循环度高、相对独立的行业，与其他行业的关联度非常小，这将导致企业在从事金融投资的过程中几乎没有产生可抵扣项目，意味着企业进行金融类投资没有显著受惠于"营改增"的减税政策。因此，"营改增"对不同类投资的减税效应存在较大差异，导致"营改增"后，企业进行金融投资的税后收益相对于实体投资显著下降。虽然减税后实体投资的绝对收益率可能仍然比金融企业低，但企业投资结构的调整是在一个平衡基础上的再平衡过程，因此，当金融投资收益相对于实体投资收益下降时，预计能够显著影响企业投资结构由虚拟投资转向实体投资。

以上的分析表明，企业投资结构"脱实向虚"的一个重要因素在于不同投资的相对收益的差异，因此本书构建"相对收益"这一变量来识别在逐利动机下，"营改增"是否能通过改变不同投资的收益来引导企业投资结构"脱虚回实"。相对收益这一变量的基本构建原则是企业金融投资收益与实体投资收益的比值，基于稳健性的考虑，本书定义了两种方法来衡量"相对收益"。第一，相对收益＝金融投资收益/主营业务收入，其中，金融投资收益包括投资收益、公允价值变动损益、其他综合收益；分母为营业收入，其收益主要来自实体投资的收益。值得说明的是，对于非金融实体企业而言，营业收入中不包含金融投资的收益，投资收益和损益是在单独的会计科目下核算的，因此这一方法直接衡量了企业进行金融投资和实体投资获得的相对收益关系。第二，以利息收益和投资收益占企业净利润之比来表示。利息收益和投资收益是企业进行金融投资的收益，而净利润则是企业经营过程中获得的最终收益，包括金融收益。以净利润作为分母，可以排除经营成本、税收等因素的影响。考虑到政策效应可能存在滞后性，本书对"相对收益"这一指标的数据滞后了一期。

二、蓄水池动机下的金融投资与对应指标构建

企业在蓄水池动机下的金融投资行为是一种预防性的储蓄。"蓄水池"理论认为，由于固定资产的投资规模大、回报周期长，如果企业对这类投资的决策发生变更，则会产生非常大的调整成本（刘贯春等，2019），而金融资产是以期限短和流动性高为特征的财务工具，企业可以变卖金融资产而快速获得流动资金，因此，相比较于固定资产等实体投资，企业更倾向于投资金融资产来抵御不确定性带来的风险（田祥宇等，2020）。而当外部货币环境宽松、内部资金流较为充裕时，企业可通过提高金融资产的配置，来为将来可能吃紧的流动性"蓄水"。因此，在平滑当期与未来投资的内在动机下，如果内部和外部的经营风险较高，企业会出于预防性目的在投资结构中配置较多的金融资产，作为"蓄水池"规避投资风险。因此，在"蓄水池"动机下，企业进行金融投资的主要目的是应对内部和外部的不确定性。

本书构建了内部环境不确定性和外部环境不确定性的中间指标，来检验"蓄水池"动机下"营改增"对企业投资结构的影响机制。从内部不确定性的角度来看，内部的经营风险是企业增加金融资产投资的重要影响因素（John，1993），因此本书以内部经营风险作为衡量企业内部不确定性的代理变量，并检验其是否构成"营改增"影响企业投资行为调整的中介

变量。经营风险的度量参考陈震等(2012)的方法，以企业前三年利润总额的标准差除以平均值来度量，这一指标的含义为企业前期经营的利润波动情况，这一指标的值越大，代表企业内部经营的波动性越大，企业对内部经营不确定性的预期就越高。考虑到被解释变量是比值的形式，数值较小，为了不使回归的系数太小，本书对企业经营风险的变量做了对数处理。从外部不确定性的角度来看，由于经济的不确定性直接影响企业投资决策(王中义和宋敏，2014)，因此本书以经济不确定性来衡量企业面临的外部不确定性。参考韩国高和胡文明(2016)的度量方法，利用各省份地区生产总值增长率的三年移动平均标准差来度量，这一指标越大，代表经济的增长越不稳定，经济不确定性越高。

三、税收执法水平的变化与对应指标构建

"营改增"对企业实体投资的减税效应，以及由此引起企业投资结构的调整，除了与"营改增"政策本身有关外，还与税收征管水平紧密相关。税收征管水平直接影响企业实际获得的减税程度，如果"营改增"之前企业隐匿的收入比较高，征管率的增加将导致"营改增"对企业实体投资的减税效应大打折扣，弱化"营改增"对企业投资"脱虚回实"的调整效应。"营改增"后地方执法单位的征管率可能大幅提升，主要有以下两方面原因：从征管单位上来看，"营改增"不但改变了企业的纳税人身份，还随着税种的变化，改变了征税的行政单位。"营改增"之前的营业税由地税局征收，由于中国的服务业发展相对滞后，服务业企业大多分布零散，且企业规模不大，导致营业税的征收难度较大。营业税又为地方税种，地方在发展经济的激励下通常对营业税的税收执法力度较低，这使得在"营改增"之前企业真实承担的营业税负远低于名义税率下的税负水平。"营改增"之后，增值税由国税局征收，环环抵扣的计税规则使得征管效率大幅度提升。因此，从实际税负的角度而言，"营改增"使得企业进行实体投资的减税效应要低于理论预期水平。从执法力度上来看，"营改增"的宏观减税效应给地方政府的财政收入带来了一定冲击，在中国平衡预算与地

方发债受限的现实背景下,可能也会激励地方政府和税收执法人员加强税收执法水平。因此,"营改增"后,征管率的提升,可能显著降低税制改革对企业实体投资的减税效应,从而对冲"营改增"对企业投资"脱虚回实"的调整效果。

现有文献对执法水平的度量在微观层面和宏观层面均有所涉及。微观层面上,既有文献主要利用税制改革为自然实验度量税收执法水平的变化,如范子英和田彬彬(2013)以2002年企业所得税收改革为政策冲击度量税收执法力度,对于新成立的企业,国税局征收企业所得税,较之前地税局征收的老企业税收征收率更高。本书研究内容为由"营改增"引起的地方执法水平的变化,不适合在微观层面以其他税制改革为政策实验来度量,因此本书在宏观层面来度量地区的税收执法力度。具体参考曹越等(2017)的做法,我们以财政紧张程度来衡量当地税收执法程度,而财政紧张程度等于省级总财政支出减去省一级总财政收入之差,除以该省总的GDP。这一指标越大,代表地区面临的财政状况越紧张,地方官员在GDP竞争和政治晋升锦标赛过程中面临的压力就越大,能够引起该地区的税收征管强度也越强;反之,一个地区的财政如果更多地出现盈余,则表明该地区在经济和财税领域面临的竞争压力相对较小,从涵养税源的角度来看,这类地区的税收征管强度会相对较弱。

通过以上的分析,我们分别从逐利动机、蓄水池动机和税收执法水平等角度构建了五个中间机制变量,其中相对收益1和相对收益2对应套利动机、内部经营风险,外部不确定性对应"蓄水池"动机,税收执法水平对应征管因素的影响。具体各个变量的度量方法,以及数据的描述性分析见表4.1。

表4.1　　　　　　　指标度量说明与描述性统计

变量名称	度量方法	均值	标准差	最小值	最大值
相对收益1	金融投资收益/主营业务收入	0.071 1	1.235 1	−1.130 6	77.574 0
相对收益2	金融投资收益/净利润	0.508 4	2.947 1	−17.885 6	106.940 2

续表

内部经营风险	Ln(前三年利润的标准差/利润平均值)	2.388 1	1.448 4	−3.023 8	6.014 3
外部不确定性	Ln(地区生产总值增长率的三年移动平均标准差)	−0.558 52	0.563 3	−1.704 2	3.050 9
税收执法水平	(省级总财政支出−省一级总财政收入之差)/省GDP	−0.054 27	0.053 14	−0.273 3	−0.012 7

资料来源：作者根据上市公司数据计算。

第三节　实证设计与结果分析

接下来，我们利用中介效应模型，检验"营改增"是否通过显著影响以上理论变量，从而引导企业投资结构"脱虚回实"。中介效应模型的原理是构建一组计量方程组，将中介变量、解释变量与被解释变量联系起来，通过不同变量之间回归系数的方向和显著性，判断中介变量是否构成解释变量与被解释变量间的中间传导机制。首先，以核心解释变量对中介变量构建回归，如果回归结果显著，即核心解释变量的变化能够显著引起机制变量的随之变动，则表明核心解释变量能够影响机制变量。其次，在控制核心变量的基础上，构建被解释变量与机制变量的计量方程，如果回归结果显著，则表明中介变量可以作为核心解释变量影响被解释变量的机制渠道。根据以上的机理分析和构建的指标，我们通过模型4.1—4.3来验证本书所提出的理论变量是否构成"营改增"税制改革导致企业投资结构"脱虚回实"的传导机制。具体见以下方程组。

$$stru_{ijkt} = \alpha_0 + \alpha_1 ddd_{ijk} + \alpha_2 policy_{jk} + \alpha_3 post_t + \alpha_4 X_{ijkt} + \mu_i + \theta_t + \varepsilon_{ijkt} \quad (4.1)$$

$$inter_{ijkt} = \beta_0 + \beta_1 ddd_{ijk} + \beta_2 policy_{ijk} + \beta_3 post_t + \beta_4 X_{ijkt} + \mu_i + \theta_t + \varepsilon_{ijkt} \quad (4.2)$$

$$stru_{ijkt} = \varphi_0 + \varphi_1 ddd_{ijk} + \varphi_2 inter_{ijkt} + \varphi_3 policy_{ijk} + \varphi_4 post_t + \varphi_4 X_{ijkt} + \mu_i + \theta_t + \varepsilon_{ijkt} \quad (4.3)$$

按照中介效应模型方程组的构建规则，模型4.1为简约式，与本书第三章中模型 3.1 相同,为了简便计,我们以 ddd_{ijk} 代理交乘的核心解释变量($policy_{jk} \times post_t$),$ddd_{ijk}$ 是在地区、行业、时间三个维度上存在变化的虚拟变量。模型 4.2 中的 $inter_{ijkt}$ 为中介变量,包括金融投资与实体投资的相对收益、内部经营风险、外部融资约束以及税收执法环境的变化,预计"营改增"对这些机制变量具有显著影响,即 β_1 在统计上能够显著排除等于 0 的原假设。模型 4.3 为中介模型核心的方程,在控制了"营改增"这一变量的基础上,通过中介变量的回归系数 φ_2 的方向和显著性来判断中介效应是否成立。三个维度的中介效应分析的回归结果见表 4.2 至表 4.4。

表 4.2 检验了逐利动机下,金融投资和实体投资的相对收益是否构成"营改增"引起企业投资结构"脱虚回实"的中间机制。中介效应回归的第一步结果显示,两种度量金融投资和实体投资相对收益的指标为被解释变量时,"营改增"政策变量的回归结果都显著为负,表明"营改增"显著引起了不同类别投资相对收益的变化,金融投资的收益相对于实体投资收益下降,与理论预期一致。机制检验的第二步结果显示,机制变量和核心解释变量均通过了显著性检验,且核心解释变量回归系数的方向没有改变,表明中介效应成立,即"营改增"通过改变实体投资与虚拟投资的相对收益,进而引起企业投资结构"脱虚回实"的调整。值得说明的是,"营改增"的回归结果仍然显著为负,意味着改变不同投资的相对收益不是完全的中介效应,还存在其他渠道影响"营改增"对企业投资结构的调整。这一结果从另一个角度说明,逐利动机是中国实体企业过多将资产配置到金融领域的一个重要因素,但不是唯一的原因。

表 4.2 "营改增"引起企业投资结构"脱虚回实"的中间机制检验:相对收益

	(1)	(2)	(3)	(4)	(5)	(6)
机制检验步骤	第一步		第二步			
被解释变量:	相对收益1	相对收益2	狭义金融资产率	广义金融资产率	狭义金融资产率	广义金融资产率
"营改增"	−0.143 4** (0.069 2)	−0.315 0*** (0.093 7)	−0.038 3*** (0.008 4)	−0.030 8*** (0.008 0)	−0.038 4*** (0.008 5)	−0.030 8*** (0.008 0)
相对收益1			0.002 9*** (0.000 7)	0.001 6*** (0.000 5)		

续表

					0.001 2*	0.001 1**
相对收益2					(0.000 7)	(0.000 5)
控制变量	控制	控制	控制	控制	控制	控制
个体效应	控制	控制	控制	控制	控制	控制
年份效应	控制	控制	控制	控制	控制	控制
观察值	4 408	4 408	2 827	2 827	2 827	2 827
R-squared	0.030	0.019	0.835	0.864	0.835	0.864

注：*、**、***分别表示10%、5%和1%的显著性水平,括号内为标准误。

表4.3检验了蓄水池动机下,内部的经营风险和外部经济环境的不确定性是否构成"营改增"引起企业投资结构"脱虚回实"的中间机制。关于内部的经营风险,中介效应第一步的回归结果显示,内部经营风险为被解释变量时,"营改增"的回归系数显著为负,表明"营改增"后,受到政策影响,企业的经营状况变好,"营改增"能够引起该中介变量的显著变化。第二步中在控制了"营改增"后,以企业投资金融化水平为被解释变量时,经营风险的回归系数均显著为正,表明经营风险是显著引起企业投资结构金融化的变量。两步骤的中介回归结果意味着"营改增"能够通过降低企业的经营风险,显著抑制企业基于预防性储蓄而使得投资结构"脱实向虚"的动机,中介效应成立。关于外部不确定性,第一步的中介效应显示,"营改增"在一定程度上增加了经济的不确定性,但仅在10%的统计水平上通过了检验。"营改增"作为一项大的税制改革,影响范围较广,且推进过程也相对较快,可能导致在一定程度上增加了宏观经济的不确定性。中介效应第二步的结果中,经济不确定性的回归结果不显著,这表明外部大的宏观经济环境变化对微观企业的金融投资水平的影响程度微乎其微,意味着"营改增"通过影响宏观经济的稳定程度来影响企业金融投资决策的机制是没有统计学意义的。两个变量的中介效应分析表明,蓄水池动机下,"营改增"影响企业金融投资决策的中间机制主要来自对企业自身经营状况的影响,由于"营改增"减税效应给企业带来的获得感,使得企业稳定了对未来的预期,从而降低了投资结构中的金融化水平。

表 4.3　"营改增"引起企业投资结构"脱虚回实"的中间机制检验：
经营风险和经济不确定性

	(1)	(2)	(3)	(4)	(5)	(6)
机制检验步骤	第一步		第二步			
被解释变量：	经营风险	经济不确定性	狭义金融资产率	广义金融资产率	狭义金融资产率	广义金融资产率
"营改增"	−0.063 6***	0.039 6*	−0.009 6	−0.010 7	−0.015 6**	−0.014 8**
	(0.019 1)	(0.022 6)	(0.006 7)	(0.006 6)	(0.006 7)	(0.006 5)
经营风险			0.006 6**	0.005 5**		
			(0.002 6)	(0.002 6)		
经济不确定性					0.000 4	0.003 1
					(0.002 4)	(0.002 3)
控制变量	控制	控制	控制	控制	控制	控制
个体效应	控制	控制	控制	控制	控制	控制
年份效应	控制	控制	控制	控制	控制	控制
观察值	3 787	3 306	2 254	2 254	2 327	2 327
R-squared	0.865	0.454	0.855	0.885	0.844	0.878

表4.4检验了税收执法力度是否构成"营改增"引起企业投资结构"脱虚回实"的中间机制。中介效应第一步的结果显示，"营改增"试点地区相对于其他地区而言的税收执法力度明显增加，与理论预期一致。中介效应第二步的回归结果显示，税收执法力度是显著影响企业金融投资水平的因素，当税收执法力度增加时，企业更倾向于从事金融投资。其中可能的原因在于，一方面征管程度的增加提高了企业的实际税负水平，降低了企业利润，压缩了企业现金流水平，从而导致企业将资产配置到收益更高的金融资产上来。另一方面，税收征管力度的提高会带给企业不稳定的预期，提高了基于"蓄水池"动机的金融投资水平。综合中介效应模型的结果表明，"营改增"提高了地区的执法力度水平，而税收执法力度的提高会导致企业提高资产配置水平，因此，税收执法力度的提高降低了"营改增"引导企业投资结构"脱虚回实"的政策效果，是一条负向的中间渠道。

表 4.4 "营改增"引起企业投资结构"脱虚回实"的中间机制检验:税收执法

	(1)	(2)	(3)
机制检验步骤:	第一步	第二步	
被解释变量:	税收执法力度	狭义金融资产率	广义金融资产率
"营改增"	0.024 0***	−0.020 9**	−0.019 4***
	(0.001 6)	(0.008 2)	(0.006 2)
税收执法力度		0.524 6**	0.278 4*
		(0.207 1)	(0.168 2)
控制变量	控制	控制	控制
个体效应	控制	控制	控制
年份效应	控制	控制	控制
观察值	4 793	2 655	2 655
R-squared	0.049	0.834	0.867

注:*、**、*** 分别表示10%、5%和1%的显著性水平,括号内为标准误。

第四节 本章小结

"营改增"具有引导实体企业投资结构"脱虚回实"的政策效果,但这一政策效果是如何发生的,现有文献中还很少给出证据,换句话说,"营改增"改变了哪些内在或外在的约束,从而导致企业愿意减少金融投资转而提高实体投资? 本章内容对此进行了回答。从理论上来说,现有解释企业投资金融化的理论工具主要包括逐利动机和蓄水池动机,逐利动机下,企业通过比较不同类别投资的最终收益从而最大化当期利润;蓄水池动机下,企业为防止未来经营风险而进行的预防性投资,最大化整个周期的利润,蓄水池动机下的金融投资是为了平滑当期和未来的融资约束,但实现的前提是金融资产具有非常高的流动性,使企业可以在需要的时候迅速变卖以获得现金流。"营改增"能够引起企业投资结构"脱虚向实",说明至少能对这些理论变量之一具有显著影响,且这些变量在统计意义上能够称为"营改增"影响企业投资金融化的中介变量。

本书利用中介效应模型对这一机制链条是否能够通过统计意义上的

检验进行了实证分析。首先构建指标来指代中间机制理论变量，分别包括相对收益、内部经营风险与外部经济环境不确定性、税收执法环境变量。在控制了其他与基础回归相同的变量后，中介回归的结果显示："营改增"能够显著改变金融投资收益和实体投资收益的相对平衡，金融投资的收益水率相对于实体投资的收益率显著下降，而这一利益格局的改变，是导致企业投资结构"脱虚回实"的重要渠道；"营改增"能够降低企业经营的不确定性，从而减少企业基于"蓄水池"动机的金融投资。但"营改增"通过改变外部经济环境的不确定性，从而降低企业金融投资意愿的路径，没有通过显著性检验。两方面的结果表明，税制改革对企业投资盈利率的影响非常明显，企业在最大化利润的约束下，投资行为对盈利率的变化也较为敏感。未来在供给侧调结构和大力发展实体经济的宏观政策调整框架下，税制改革的方向应是进一步推进结构性减税，降低企业实体投资各环节的税负，如扩大抵扣范围、降低增值税率等。利好性的税制改革对于稳定企业的经营预期具有积极的作用，而这会降低企业通过金融类资产平滑当期与未来期限融资成本的激励，从而降低企业的投资金融化率。未来税制改革还应保持一定的连贯性和稳定性，强化税改对企业释放的积极信号，增强企业家的信心，引导企业的投资回归理性。

"营改增"除了直接引起相关经济主体税后收益的改变，还会因执法单位的改变而影响税收执法水平，从而间接影响企业的真实税负水平。"营改增"后征管单位由原来的地方税务局改为国家税务总局，执法单位的改变以及增值税特有的抵扣税制，使得税收执法力度相对于营业税而言大大提高，而税收执法力度的提升会降低"营改增"的预期减税力度，企业的实际降税效果大打折扣，甚至税负还可能提高，导致企业进行更多基于逐利动机的金融投资。中介效应回归的结果显示，"营改增"后征收率的提高会显著提高企业投资的金融化水平，表明伴随税制改革而进行的征管率水平的变化，会在一定程度上对冲"营改增"对企业投资结构调整的政策效果。这一结果意味着未来"营改增"深入改革的方向不但要考虑到改革本身的政策效果，还应配套税收征管方面的改革规定，与税制改革的政策意图激励相容。

第五章 "营改增"与企业投资结构的"脱虚回实":行业外溢性

第一节 引 言

"营改增"虽然是直接作用于服务业企业的税收制度改革,但其政策目的绝不仅仅局限于服务业,而是通过理顺产业间的投入产出关系,促进产业分工优化,拉长产业抵扣链条,带动制造业企业的结构优化与升级。从政策实施的进程来看,"营改增"首先在"1+6"行业进行试点改革,其中一个重要的原因就在于这些行业属于生产性服务业,其提供的应税服务主要作为中间投入品进入产业链中与之相关的制造业企业,产业互联程度较高。在"营改增"之前,服务业企业不具备开具增值税专用发票的资格,试点企业进行"营改增"后,纳税人身份转变为增值税纳税人,使得当制造业企业从这些厂商购买服务类产品时,可以取得增值税专用发票用于进项抵扣。因此,制造业企业与"营改增"企业的业务往来能够更为直接享受到政策改革带来的减税效应。胡怡建和田志伟(2014)针对"营改增"政策效应的研究中指出,"营改增"的正面激励效应主要集中在下游的制造业企业,据他们测算,如果下游企业为增值税一般纳税人,则减税变动幅度是上游服务企业的4倍。因此,"营改增"虽然改在服务业,但减税效应通过抵扣链条的打通能够传递到产业链中的制造业企业,且对制造业的影响程度远大于服务业本身。

同为制造业,不同企业受惠于"营改增"的减税效应存在较大差异。造成这一差异的原因在于中间投入结构的差异,当制造类企业的某项投资的中间投入品涉及"营改增"行业占比越多时,可获得的抵扣项目就越多,能够获得的减税效应也越强;若某项投资活动中几乎没有与"营改增"行业产生关联,则意味着即使是制造业企业,也无法获得减税效应。正如一些文献中所指出的,企业能否获得"营改增"的减税效应,一个重要的因素在于是否与其他增值税行业关联(范子英和彭飞,2017)。在制造业企业中,实体投资活动与金融投资活动获得"营改增"的减税效应存在较大差异,原因在于不同类投资活动与"营改增"行业关联的紧密程度存在显著差异。由于在样本期内"营改增"行业主要为生产性服务业,其作为中间品投入也主要进入到实体投资中,使得制造业企业的实体投资能够显著地获得"营改增"的减税政策效应。而制造业企业的金融投资行为中几乎不涉及"营改增"中间投入品,导致这类投资受政策影响的程度极小,因此"营改增"后,实体投资的税后收益相对于金融类投资有明显的上升趋势。基于前文的机制检验表明,两类投资税后收益格局的改变,能够降低企业基于逐利动机进行实体投资的意愿,同时,减税效应对制造业企业的利好信号,具有稳定预期的效果,也能够降低企业基于"蓄水池"动机进行金融投资的意愿。因此,"营改增"对于制造业企业的投资结构可能具有"脱虚回实"的调整效应。

本章利用上市制造业企业的数据,分析了"营改增"对企业投资结构"脱虚回实"的影响是否产生了行业外溢性,即"营改增"是否引起了制造业企业投资结构的"脱虚回实"。既有研究"营改增"政策效果的实证文献中,大部分考虑到了改革对制造业的影响,但在处理组和控制组的设定上存在较大差异。其中,陈钊和王旸(2016)以企业所属行业是否一直只缴纳增值税为分组依据,如果是,则设为处理组,其中的制造业占到82.8%左右;李永友和严岑(2017)研究"营改增"对制造业转型升级的影响时,以纯制造业和混业经营制造业为依据区分处理组和控制组,这一设定的原理在于纯制造业的经营内容中不含有"营改增"业务,所有的相关业务需从外购进,因而产生的进项抵扣多,导致"营改增"对纯制造业的影响更大;孙晓华等(2020)研究"营改增"对产业融合的影响时,也以制造业为分析样本,他们认为处于同一条产业链上游的服务业企业存在追随下游制造业企业的特征,因此,将"营改增"试点地区的制造业作为处理组,非试点地区的制造业作为对照组。彭飞等(2020)研究"营改增"对企业非税缴费的影响时,将试点的服务业和所有的制造业都归入处理组。值得注意的是,这些文献大多将"是否试点地区"作为区分处理组与控制组的一个分类标准,这意味着控制组中包含所有非试点地区的制造业。我们认为,由于非试点地区的制造业可能也受到政策影响,作为控制组不满足SUTVA条件,可能导致模型估计结果出现偏误。原因有以下两个方面:一方面,"营改增"改变了服务业企业的增值税纳税人身份,能够有效促进这类企业的跨地区经营(范子英和彭飞,2017),当非试点地区的制造业购买涉"营改增"企业的应税服务时,可以取得增值税发票并进行抵扣处理,这会导致非"营改增"地区的制造业也能享受到"营改增"的减税效应(王文贵,2012)。另一方面,由于"营改增"改变了市场中的相对价格体系(李永友和严岑,2018),导致非"营改增"地区的制造业企业的生产成本发生变化,从而可能受到改革政策的影响。两方面原因意味着在以制造业为分析样本时,不适宜以"是否试点地区"这一标准进行分组。

本书以制造业的中间投入与"营改增"行业的产业关联紧密程度,作为区分处理组和控制组的依据。由于制造业企业获得"营改增"的减税效应的程度取决于实际抵扣率,而这又与中间投入中属于"营改增"的部分所占比例直接相关(胡怡建和李天祥,2011),因此本书根据135个部门的投入产出表,以制造业的中间投入中"营改增"行业所占份额作为权重系数,测算制造业企业受政策影响程度,并以此来划分处理组和控制组。其中,中间投入不涉及"营改增"行业的,代表这类制造业没有受到政策影响,作为控制组,其他企业则为处理组,处理组是一个连续变量,数值越大,代表受"营改增"政策影响的程度越大。实证结果显示,"营改增"对企业投资结构"脱虚回实"的影响具有显著的行业外溢性,制造业的中间投入与"营改增"行业的关联性越大,企业投资金融化的程度越低,表明"营改增"能显著改善企业投资金融化偏向。这一效应在不同企业间存在较大异质性,不同所有制企业中,非国有企业投资结构调整相比于国有企业更为明显;融资约束高的企业、资本密集性企业和垄断性企业受"营改增"影响程度更大,导致这些企业的投资结构更容易产生"脱虚回实"的优化调整。

与现有文献相比,本章的创新点如下:第一,既有研究"营改增"对制造业影响的文献,大多关注企业的转型升级和产业融合等情况,很少有文献关注政策对企业投资结构的影响。"营改增"在供给侧"调结构"系列改革中扮演着重要角色,其中绕不开的主题是这一税制改革能否引起制造业投资结构的优化?本章的研究内容为现有文献做了有效的补充。第二,既有文献对"营改增"政策的评估大都在城市层面进行了限定,但随着抵扣链条的打通和产业链条的增长,"营改增"的减税效应传递到了非试点地区的制造业中,上述文献的分组方法可能导致估计结果存在一定的偏差①。本书回归到"营改增"产生减税效应机制的本源,以中间投入品与"营改增"行业的产业关联度为依据区分控制组和处理组,有效地规避了这类问题。第三,本书在多个层面进行了异质性分析,为深入理解"营改增"对制造业企业投资结构"脱虚回实"的效应,搭建了更多维度的思维桥梁。

第二节 机理分析与影响机制

"营改增"虽然没有直接作用于制造业,但"营改增"试点企业生产的产品或服务可以作为中间品进入制造业企业中,产业互联使得制造业企业也深受"营改增"政策的影响。"营改增"对制造业企业的外溢性已在现有文献中多有涉及,但现有理论和实证文献中,集中研究"营改增"如何影响制造业实体投资与虚拟投资结构性调整的还非常有限。从理论上来

---

① 值得说明的是,本章以中间投入中试点行业企业的占比作为主要的分组依据,也可能因没有受到政策影响的企业进入处理组而出现低估的问题,第六章中将以地区间的差异区分处理组和控制组,探究"营改增"对企业投资结构产生的地域外溢性。

看,"营改增"影响实体企业在实体经济与虚拟经济资源配置的渠道主要包括价格渠道和抵扣渠道。

一、价格渠道

增值税属于价外税,因此增值税从会计核算角度来说不计入企业成本,理论上而言增值税负的变化不会影响制造业企业的利润。但是如果考虑价格因素,则情况就会有所不同。由于"营改增"的推行改变了上游服务业企业的税负,降低了企业综合成本,因此对产品和服务的定价决策具有显著影响(李永友和严岑,2018),而由于上游服务业企业的服务性产品的价格最终体现为与之相关的制造业企业的生产成本,因此,"营改增"通过价格机制的传导可能对制造业的利润产生较大影响,与之相关联的企业投资等行为也会出现重大调整。现有一些文献通过实证检验,也发现了与上述理论分析相一致的结论。倪红福等(2016)构建了一个价格模型,通过代入数值模拟后,实证结果显示"营改增"使得服务业的价格水平有所下降,下游制造业企业购买这些应税服务时价格下降,导致企业的整体成本下降,税后利润上升。税后利润的增加可能从缓解融资约束和提高现金流水平的角度影响制造业企业的投资决策行为。

"营改增"通过改变服务业价格水平,进而影响制造业企业的生产成本,以及由此引导企业投资模式的调整,是价格渠道发挥作用的主要机理。然而,以上所分析的价格影响机制是基于改革过程中税收的征管水平和其他条件保持静态不变的情况下的结论。假如伴随税收改革,税收的征收能力大幅提高,则将导致部分服务业的成本和价格水平上升,抵消"营改增"通过价格机制影响制造业企业投资行为的效应。另外,"营改增"是事关税种的变革,随之而来的是征管单位的变化,征税单位由原来的地税局改为国税局,征管能力和征收率的大幅度提升,可能引起上游服务业企业的税负水平下降不明显,这方面因素也可能减弱"营改增"通过降低税负,从而影响服务业价格与制造业生产成本,进而引导企业投资行为调整的效果。再有,营业税属于地方税种,存在较多的税收优惠,"营改增"后为确保增值税的税收中性和税制统一,部分税收优惠和补贴政策将逐渐退出历史舞台,这些因素也会减弱"营改增"的减税效应,从而对冲税制改革通过降低税负影响服务业企业价格水平和生产企业生产成本的效应。以上多方面的因素分析表明,"营改增"通过价格机制对下游制造业企业投资的影响方向是不明晰的。

二、抵扣渠道

区别于价格渠道,抵扣渠道对企业实体投资规模的影响可能更为明确。抵扣渠道通过降低制造业企业税负,以及改变实体投资和金融投资的相对税收收益,使得"营改增"对制造业的投资结构调整产生外溢性。营业税和增值税的本质区别是购买中间产品和服务时缴纳的税款是否可以抵扣。制造业的中间投入可分为产品中间投入和服务中间投入,在"营改增"之前,制造业中间投入中外购的有形动产可抵扣增值税进项,但外购的生产性服务不能获得增值税进项抵扣。在服务业"营改增"后,制造业外购的服务也可以获得增值税并抵扣进项,而在会计核算上,无形资产投资属于企业的实体投资,因此"营改增"对制造业的实体投资具有明显的减税效应。

由于金融业是一个相对封闭的、以自我循环为主要运行规则的系统,中间投入非常少,与其他产业间的关联度很低(范子英和彭飞,2017),而生产性服务业的无形产品作为中间投入进入制造业企业,主要进入实体投资中,因此"营改增"的政策效果主要作用于实体投资。降税效应导致实体投资的税收成本下降,税后收益上升,相对而言,金融业的税收成本没有产生大的变化,税后收益相对来说是下降了。不同投资类型税后收益的变化成为"营改增"发挥调结构作用的基础所在。"营改增"改变了企业进行实体投资和金融投资的利益格局,金融投资收益相比较于实体投资收益明显下降。在逐利动机下,制造业企业将会减少金融投资水平,转而将资源配置到实体投资中,引导投资结构出现"脱虚回实"的调整。

如果抵扣链条的打通是令"营改增"引致制造业投资结构出现"脱虚回

实"的重要原因,那么产业关联度则事关此次税改政策作用效果的大小。首先,制造业分布在多个行业,不同行业的中间投入结构差异巨大,例如食品加工业主要与农业相关,而通信设备制造则依赖于专业技术和服务,只有中间投入中涉及"营改增"行业,才能使得企业在实体投资的过程中受益于"营改增"的减税效应。其次,即使中间投入中存在"营改增"行业,减税程度以及由此可能引起的企业投资行为调整,也与涉及"营改增"的中间投入所占比例相关。制造业中间投入品中涉及"营改增"行业的比重越大,外购的生产性服务可获得的进项抵扣就越多,对企业实体投资过程中产生的增值税减税影响也就越大,由此引起的企业投资行为的调整也就越明显。因此总的来说,服务业企业的"营改增"能够降低制造业虚拟投资的原因在于,抵扣链条的打通和进项税可抵扣降低了制造业企业实体投资的税负,税后利润上升,虚拟投资的相对利益下降。而制造业的中间投入中与"营改增"行业的关联程度则关系到政策作用的效果有多大。

第三节 实证设计与估计结果

一、实证设计

(一)模型构建的逻辑

本章的核心内容是评估"营改增"对投资结构调整的行业外溢性,产生外溢性的根本原因在于"营改增"打通了服务业与制造业之间的抵扣链条,产业链条下游制造业进行实体投资的税负明显下降,税后收益上升,从而引起企业投资结构"脱虚回实"的调整,"营改增"具有引导整个产业链企业投资结构优化的政策效果。因此,本章实证分析的对象为制造业企业,研究试点期间受"营改增"政策影响越大的企业,其投资结构"脱虚回实"的效应是否越明显。实证模型构建中最主要的点是如何合理地设置处理组和控制组,同时也是本书的一个难点所在。直接的做法是以制造业企业中涉及"营改增"业务的企业为处理组,没有涉及"营改增"业务的企业为对照组,但企业层面的数据一般没有记录企业外购涉及"营改增"服务的价格,也就无法获得其中进项税的数据。即使扩大到行业层面,也很难通过企业所属行业类别判断是否受政策影响,因为几乎制造业中所有行业的中间投入,或多或少均与"营改增"行业存在关联。但幸运的是,正是由于制造业税负受政策影响的程度,取决于中间投入与"营改增"行业关联的程度,因此,本书可以利用这类中间投入的占比作为权重,区分制造业受"营改增"影响的程度,来设定处理组和控制组。根据样本中受政策影响程度大小来区分处理组与控制组的方法,在文献中有广泛的应用,如 Zwick 和 Mahon(2017)在研究固定资产加速折旧政策对企业异质性投资行为的影响时就应用了此方法,由于此次改革是在全国范围内推行,所以以受到政策影响程度大的企业为处理组,受政策影响小的企业为对照组;李永友和严岑(2018)以是否纯制造业作为区分处理组与控制组的标准,其背后主要的理论依据为纯制造业受"营改增"政策影响较大,而混业经营企业受政策影响较小。

根据以上逻辑,本书构建实证模型 5.1 来实证检验"营改增"对制造业企业投资金融化的影响。其中,i 代表企业,t 代表年份,j 代表企业所在的行业。被解释变量 $stru_{ijt}$ 的含义与第三章的设定相同,代表经过企业资产规模标准化后的金融投资水平,包含狭义的金融投资水平和广义的金融投资水平。

$$stru_{ijt} = \alpha_0 + \alpha_1 new\_input_{jt} + \sum_{\theta} \alpha_{\theta} X_{ijt} + \gamma_t + \delta_i + \varepsilon_i t \quad (5.1)$$

(二)核心解释变量的构建

new_input_{jt} 是本书所关注的核心解释变量,代表制造业企业所在行业的中间投入与"营改增"行业的关联程度。由于"营改增"的对象是服务业,而本书的样本是制造业,无法在制造业企业样本中构建包含"是否营改增试点"信息的虚拟变量。因此,new_input_{jt} 是比企业高一个维度——行业层面的变量。具体核心解释变量 new_input_{jt} 构建见公式 5.2:

$$new\_input_{jt} = \sum_{m=[1,135]} weight_{jm} \times vatrate_{jmt} \times treat_{mt} \quad (5.2)$$

计算 new_input_{jt} 的数据为样本期间包含 135 个明细行业 m 的投入产出表。$weight_{jm}$ 代表制造业 j 的中间投入 m 行业的直接消耗系数。$vatrate_{jmt}$ 是中间投入 m 行业所对应的增值税率。$weight_{jm} \times vatrate_{jmt}$ 的含义为制造业所在行业的中间投入品中增值税的加权抵扣率,数值越大,代表中间投入品中可以抵扣的进项越多。由于仅这两项交乘无法体现"营改增"的影响,因此本书加入了代表"营改增"的政策变量 $treat_{mt}$。$treat_{mt}$ 是 0—1 虚拟变量,包含行业和时间两个维度的信息,如果中间投入 m 行业中在 t 年为试点,则该行业之后年份均设定为 1,其他定义为 0。因此三项交乘后,new_input_{jt} 的经济学含义可以表述为:制造业企业的中间投入中由于"营改增"新增的行业加权抵扣率。值得说明的是,随着"营改增"的推进,试点范围和制造业的中间投入结构会产生变化,本书分别计算了政策发生后每一年的 new_input_{jt},因此核心解释变量是一个在时间维度上也存在变化的行业层面的变量。

本书的核心解释变量与常规 DID 模型设定存在差异,new_input_{jt} 并非 0—1 变量,而是一组由 0 和小于 1 的自然数组成的数列。核心解释变量等于 0 时,意味着企业没有受到"营改增"影响,包括"营改增"之前的样本,以及"营改增"之后中间投入中不涉及"营改增"行业的企业样本。核心解释变量大于 0 时,代表制造业企业的中间投入中由于"营改增"而增加的进项抵扣,数值越大,代表可以抵扣的进项税额越多,受"营改增"政策的减税效应也越大。因此,核心解释变量系数 α_1 的经济学含义可表述为:相比较没有受到政策影响的样本,中间投入中涉及"营改增"行业的加权进项抵扣率提高 1%,制造业企业的金融化投资水平的变化量。

(三)控制变量

为了排除其他影响因素对回归结果的干扰,本书在模型 5.1 方程的右侧加入了一系列的控制变量。参考既有文献(徐超等,2019;李永友和严岑,2018;孙晓华等,2020),控制变量包括企业规模、资产负债率、盈利能力、市场势力、企业年龄等。以企业资产总额取对数代理的企业规模,企业规模越大,其中间投入就越多,受"营改增"政策的影响效果可能性也越大;资产负债率为负债总额与资产总计之比,这一比值越高,表明企业很难再通过信贷等直接渠道融资,产生的高融资约束程度可能迫使企业通过收益较高的金融投资来进行融资,以提高投资的金融化水平;盈利能力,以企业总资产标准化后的企业净利润来代理。企业的盈利能力越高,通过提高实体投资来扩大主营业务的动机越强,进行金融投资的意愿则越弱。同时这类企业的现金流水平越高,其面临的融资约束就越低,蓄水池动机下进行金融投资的动机可能越弱;市场势力,以主营业务收入和主营业务成本之差再除以主营业务收入来代理(孙晓华等,2020)。当企业具有一定的市场势力时,企业的部分利润来源于其垄断竞争地位,基于逐利动机下进行金融投资的意愿可能较弱。企业年龄,以当年的年份减去企业注册时间来代理;管理效率,以企业管理费用与营业收入的比值表示。管理效率的加入可以控制企业组织效率对投资结构的影响。托宾Q值用来控制企业市场价值对投资行为可能的影响。

(四)数据来源与处理

本书实证所应用到的数据包含两部分:一是2009—2015年上市公司中制造业的财务数据;另一个是计算核心解释变量时应用到的投入产出表。其中,上市公司的财务数据主要来自国泰安数据、上市公司年报数据等。与第三章相同,本章实证回归的数据期间仍然是2009年到2015年,将时间截至2015年,主要考虑到在这之前的改革行业为生产性服务业,这类行业与产业链上制造业的产业关联度高,相较而言,之后进行改革的生活类服务业与制造业企业的关联度较小,这类企业即使进行"营改增",对制造业的减税以及由此引起的投资行为的调整也影响不大。投入产出表数据来自国家统计局公布的包含135个行业的中间投入中来自其他行业的消耗系数。根据公式5.2计算每一年的核心解释变量,并由这些数据构成一个行业层面数据。根据行业代码信息,将上市公司数据与核心解释变量的数据进行匹配。由于两个数据的行业分类参照不同的标准,本书将两个数据库的行业代码进行了调整。参考范子英和彭飞(2017)的处理方法,按照2002年的国民经济行业分类标准(GB/T 4754—2002),分别将两类数据的行业信息进行调整,然后再进行匹配。其中,上市公司数据调整前的行业以所属新证监会行业标准为基础,再辅以上市公司年报中公布的"最高主营业务收入"进行校正;投入产出表数据则根据行业名称匹配2012年国民经济行业代码,软件匹配不成功的,本书本着行业名称信息最接近的原则手动进行了匹配。

二、实证结果分析

"营改增"对制造业企业投资金融化水平的影响的回归结果见表5.1。第(1)列的基础回归结果显示,在不考虑其他任何因素的情况下,核心解释变量的均系数显著为负,表明当制造业企业中间投入中"营改增"行业占比越高,受到"营改增"的影响程度越大时,企业进行金融投资的规模将越小;当制造业企业的中间投入中来自"营改增"行业占比提高1%时,制造业企业的金融化投资水平将会显著下降3.93%。由此说明,对服务业企业的"营改增"对企业投资结构的调整效应,具有较强的行业外溢性,引起产业链上制造业企业投资结构进行明显的"脱虚回实"调整。"营改增"这一税制改革在"调结构"方面的政策效应非常明显,能够使全产业链上制造业以及服务企业的投资结构回归到实体投资上来。根本的原因就在于,"营改增"对企业的实体投资的减税效应,无论从收益的角度,还是从提升企业家信心的角度,均能提高企业将资产配置到实体投资中的意愿;相对而言,一旦金融投资的税后收益有所下降,逐利动机和蓄水池动机就会降低企业金融投资的意愿。制造业与服务业存在些许差异,服务业在于纳税身份的转变,使得原来不可以抵扣的税在改革后可以抵扣,因而在固定资产和无形资产的投资上均具有减税效应。而制造业的减税效应来自中间投入与"营改增"行业的关联,主要的减税项目来自无形资产类的实体投资。第(2)列是在广义的度量方法下计算企业的金融投资规模,实证结果与第(1)列差异不大,表明回归结果不依赖于解释变量的度量方法。当制造业企业的中间投入中来自"营改增"行业占比提高1%时,制造业企业的金融化投资水平将会显著下降2.94%。在第(3)(4)列中,笔者加入了一系列可能影响企业投资金融化水平的其他控制变量,而核心解释变量的系数没有出现显著变化,表明基础回归结果不易受到其他因素影响,回归结果稳健。

表5.1 "营改增"对产业链下游制造业企业投资结构"脱虚回实"的影响

	(1)	(2)	(3)	(4)
"营改增"	−3.926 0*** (0.521 3)	−2.935 3*** (0.574 3)	−2.460 0*** (0.510 3)	−1.375 9** (0.563 5)
企业规模			0.001 5 (0.002 0)	0.003 4 (0.002 2)
资产负债率			−0.249 3*** (0.012 0)	−0.261 6*** (0.013 0)
盈利能力			0.111 3*** (0.019 2)	0.127 9*** (0.020 5)
市场势力			0.117 0*** (0.014 6)	0.084 5*** (0.016 2)
企业年龄			0.253 1*** (0.037 9)	0.333 6*** (0.042 0)
管理效率			0.002 5 (0.001 9)	−0.003 3* (0.001 8)
托宾Q			0.002 1*** (0.000 3)	0.003 0*** (0.000 4)
观测值	8 944	8 943	8 652	8 651
R-squared	0.003	0.006	0.044	0.045
个体效应	控制	控制	控制	控制
时间趋势	控制	控制	控制	控制

注:*、**、*** 分别表示10%、5%和1%的显著性水平,括号内为标准误。

控制变量的回归系数基本符合预期。例如其中资产负债率的回归系数在99%的统计水平上显著为负,表明企业的资产负债率越高,企业投资金融化的倾向越弱,主要原因在于企业的资产负债比与杠杆成反比,杠杆率越低,从信贷市场渠道获得融资的能力就越高,这会显著降低企业基于融资约束进行金融类资产配置的意愿(胡奕明等,2017);盈利能力越高的企业,投资的金融化水平越高,表明企业的金融投资更多的是基于"富余效应"。所谓的"富余效应",是指企业在净利润较高的情况下,利用留存的利润进行金融产品的投资,此时的金融类投资的目的不是缓解融资约束,而是使资金的价值最大化。同样市场势力的回归结果也显著为正,这类企业由于可以获得一定的垄断利润,利润率较高,增加的金融类投资也主要体现出一定的"富余效应"。企业年龄的回归系数显著为正,表明越是一些老牌的上市公司,在其他条件都控制相同的情况下,进行金融投资的动机越强烈。一个可能的原因在于年龄越大的制造业企业多为一些传统制造业,这类企业的固定投资规模巨大,而随着近期经济下行压力增大,企业的营利性不佳,导致这些传统制造业纷纷将投资转向利润率高的金融类资产,从而导致企业年龄与投资金融化趋势的同向变化。托宾 Q 的回归系数在 1% 的统计意义上显著为正,这说明企业的市场价值越高,企业通过投资金融资产来扩大盈利的动机就越高,表明制造业企业进行金融投资的动机更倾向于套利动机。

三、稳健性检验

针对表 5.1 的基本回归结果,我们进行了几组稳健性检验,来确保结论的可靠性,其中包括替换被解释变量的度量方法、重新设定处理组、重新设置控制组。

首先,为了防止结论过多依赖于被解释变量的度量方法,我们以其他方式重新定义了被解释变量。基础回归中,我们主要以金融类投资占总资产的比例来度量企业的金融投资水平,这一指标度量的是资产类别相对份额的变化,是静态的(刘贯春等,2019)。而投资收益则是一个动态的流量性质的指标,从企业经营利润的源泉构成反映不同类型资产的投资比例。借鉴彭俞超等(2017)的研究思路,我们以企业进行金融投资的收益占所有投资收益的比例替换被解释变量,重新回归作为第一步的稳健性检验。与基础回归类似,本书分别设定了广义的金融投资收益和狭义的金融投资收益。回归结果见表 5.2 的第(1)(2)列,结果显示无论是在哪种度量金融投资的方法下,核心解释变量的系数在99%的统计水平上均显著为负,表明制造业企业与"营改增"行业之间的紧密程度越高,企业的金融投资收益占总体投资收益的比重越低;在金融投资收益率稳定的情况下,表明企业投资结构中金融资产的比例减少了,投资结构产生了"脱虚回实"的调整。

其次,我们改变了处理组设定标准,重新进行回归,排除部分年份处理组样本太少对回归结果可能的影响。如前文所述,"营改增"的抵扣机制可能导致试点以外地区的制造业企业也深受"营改增"政策的影响,因此,基础回归中,本书对处理组和对照组的分组主要限定在行业层面,其中将中间投入与"营改增"行业有关联的制造业行业作为处理组,与"营改增"行业没有关联的制造业行业作为对照组。由于2012年在试点初期,虽然进行"营改增"的行业较多,但试点地区仅有上海市,从全国的平均角度而言,上海市的"营改增"行业对全国所有地区的制造业的辐射程度有限,因而产生的政策效果可能微乎其微。而在当年下半年改革的地区,因时间太短,政策效果在当年也难以显现。因此,本书重新设定了处理组的标准,将2012年视为"营改增"政策改革之前,归纳到控制组范围内,以2013年作为划分处理组和对照组时间前后的标准。回归结果见表5.2的第(3)(4)列,结果仍然在99%的统计水平上显著,表明在将样本限制得更加严格的情况下,基础回归结论依然成立,结论相对稳健。

表5.2 几组稳健性检验

	(1) 狭义金融资产收益	(2) 广义金融资产收益	(3) 狭义金融资产投资	(4) 广义金融资产投资	(5) 狭义金融资产投资	(6) 广义金融资产投资
"营改增"	−2.041 9*** (0.702 6)	−1.670 2** (0.738 9)	−2.460 0*** (0.510 3)	−1.375 9** (0.563 5)	−0.768 5*** (0.277 7)	−2.586 7*** (0.667 9)
企业规模	−0.010 9*** (0.002 6)	−0.009 4*** (0.002 7)	0.001 5 (0.002 0)	0.003 4 (0.002 2)	0.004 6*** (0.001 0)	0.006 8*** (0.002 0)
资产负债率	−0.281 3*** (0.012 6)	−0.281 9*** (0.013 0)	−0.249 3*** (0.012 0)	−0.261 6*** (0.013 0)	0.004 7 (0.007 0)	0.013 7 (0.013 1)
盈利能力	0.030 5* (0.016 0)	0.021 1 (0.016 1)	0.111 3*** (0.019 2)	0.127 9*** (0.020 0)	0.037 6*** (0.014 1)	0.061 4** (0.027 1)

续表

市场势力	0.108 8*** (0.011 0)	0.103 3*** (0.011 0)	0.117 0*** (0.014 6)	0.084 5*** (0.016 2)	−0.009 8 (0.008 4)	−0.015 7 (0.015 3)
企业年龄	0.102 8*** (0.034 1)	0.130 1*** (0.035 3)	0.253 1*** (0.037 9)	0.333 6*** (0.042 0)	0.001 4*** (0.000 2)	0.002 7*** (0.000 3)
管理效率	−0.012 0*** (0.001 2)	−0.012 5*** (0.001 2)	0.002 5 (0.001 9)	−0.003 3* (0.001 8)	0.092 6*** (0.019 9)	0.175 4*** (0.035 2)
托宾Q	−0.000 0 (0.000 5)	0.000 3 (0.000 6)	0.002 1*** (0.000 3)	0.003 0*** (0.000 4)	0.004 0*** (0.001 0)	0.005 1*** (0.001 6)
观测值	8 652	8 651	8 652	8 651	8 342	8 341
R-squared	0.082	0.077	0.044	0.045	0.318	0.318
个体效应	控制	控制	控制	控制	控制	控制
时间趋势	控制	控制	控制	控制	控制	控制

注：*、**、***分别表示10%、5%和1%的显著性水平，括号内为标准误。

最后，本书改变了控制组设定标准。基础回归中我们以中间投入中不涉及"营改增"行业的制造业企业作为对照组。这类企业不但数量较小，而且行业分布也较为特殊，导致对照组与处理组企业之间可能存在较大的系统性差异，出现伪回归的问题，这一回归结果可能是由于不同类企业间的个体差异引起的。参考李永友和严岑(2018)的研究，本书利用匹配的思路重新构造出一组与处理组更加匹配的控制组。在通过倾向得分匹配遴选出更为"相似"的对照组后，本书重新进行了基于双重差分模型的回归，回归结果见表5.3的第(5)(6)列，回归结构的方向和显著性没有发生变化，表明基础结论的回归结果与对照组的设定方式没有太大的关联，结论依然成立。经过替换变量度量方法，以及处理组和控制组的设定标准等方面的稳健性检验后，表5.2的三组回归结果均与基础结论一致，基本可以得出一致可信的结论，即"营改增"对制造业企业的投资结构具有"脱虚回实"的引导调整作用。

第四节　异质性分析与机制检验

一、不同所有制企业间的异质性

产权性质的差异及其背后的目标约束、融资约束和资金水平是影响宏观税制改革对企业投资行为调整的重要影响变量,国有企业与民营企业面对"营改增"时投资决策的差异,可能会从服务业延续到制造业。因此,在不同所有制的制造业企业中,我们检验了"营改增"对企业投资结构"脱虚回实"的差异化影响。本书根据最大股东的产权性质将制造业分组,分别回归的结果见表5.3。在制造业企业中,非国有企业的中间投入中属于"营改增"的服务行业占比越高,其投资结构应对"营改增"越易出现"脱虚回实"的动态调整,无论是在哪种口径下统计的金融投资,结果均在99%的统计水平上显著;而国有企业样本的回归中,"营改增"税制改革并未引起企业金融投资的明显下降,甚至在广义口径度量的金融投资中表现出增加的趋势。其中可能的原因在于国有企业面临的生存竞争压力较小,企业进行金融投资的动机可能更倾向于一种保值的储蓄投资,当企业因"营改增"的减税效应而增加现金流时,在外部投资机会和宏观经济环境没有较大变动的情况下,减税的收入主要发挥收入效应,此时国有企业会增加金融类投资。

表5.3　　　　　　　不同产权性质企业的异质性分析

	(1)	(2)	(3)	(4)
	国有企业		非国有企业	
	狭义金融投资	广义金融投资	狭义金融投资	广义金融投资
"营改增"	−1.101 5 (0.815 2)	1.943 2** (0.975 9)	−2.670 1*** (0.656 9)	−2.642 6*** (0.668 0)
控制变量	控制	控制	控制	控制
个体效应	控制	控制	控制	控制
时间效应	控制	控制	控制	控制
观测值	2 685	2 685	5 968	5 967
R-squared	0.176	0.200	0.251	0.237

注:*、**、***分别表示10%、5%和1%的显著性水平,括号内为标准误。

二、不同融资约束程度企业间的异质性

"营改增"对制造业企业投资结构"脱虚回实"的影响,与企业面临融资约束的关系可能更甚于服务业企业。中国市场结构中第二产业规模最大,发展也最为成熟,意味着制造业企业的生存竞争压力也最大,在市场中企业的利润率越来越低,融资约束越来越高,这些因素使得制造业企业进行金融投资时可能主要是基于逐利动机。"营改增"后,制造业的中间投入与"营改增"行业的关联程度越高,意味着企业在生产过程中进行实体投资获得的减税效应越大,税后利润越高,相对而言金融投资的税后收益则越小。因此,逐利动机下,融资约束越高的企业,因税制调整带来融资约束的放松,从而投资"脱虚回实"的调整动机可能越明显;而当企业的资金较为充裕时,其经营业绩的压力相对较弱,对于税制调整的反应则不会特别敏感。

本书根据企业面临的融资约束分组,在两组样本中分别回归,检验面临不同的资金约束状况时企业的投资结构对税制调整的反应程度。其中外部融资约束以企业利用信贷市场和商业拆借获得的外部融资的能力来度量,在行业中分别计算出内部融资和外部融资的均值,高于均值的部分为低融资约束组,低于均值的部分为高融资约束组,回归结果见表5.4。第(1)(2)列显示,当企业面临更高的外部融资约束时,无论在哪种口径下,制造业企业面对"营改增"的政策冲击,都显著地表现出减持金融投资的变化。这一结果表明,融资的企业,其投向金融资产,更倾向于一种逐利动机,当宏观的税制环境改变,导致实体投资和金融投资的相对收益发生变化时,趋利的动机能够显著引导企业进行"脱虚回实"的调整。相对而言,如果企业面临的融资约束不高,金融投资可能更倾向于一种"蓄水池"动机,"营改增"带来的减税主要发挥收入效应,对企业投资结构的调整作用不明显。第(3)(4)列的实证结果显示,在低融资约束的制造业企业中,中间投入中与"营改增"关联行业的程度,并不影响企业进行金融投资的规模。

表 5.4　　　　　　　　基于融资约束差异的异质性分析

	（1）	（2）	（3）	（4）
	高融资约束行业		低融资约束行业	
	狭义金融投资	广义金融投资	狭义金融投资	广义金融投资
"营改增"	−2.306 2***	−1.455 5**	−1.518 4	−0.602 0
	(0.638 8)	(0.680 2)	(0.942 3)	(1.040 3)
控制变量	控制	控制	控制	控制
个体效应	控制	控制	控制	控制
时间效应	控制	控制	控制	控制
观测值	4 164	4 164	4 503	4 503
R-squared	0.185	0.175	0.236	0.209

注：*、**、*** 分别表示 10%、5%和 1%的显著性水平，括号内为标准误。

三、集中性行业与竞争性行业间的异质性

考虑到制造业企业总规模相对于服务业企业更大，本书以该行业前100名企业的营业收入与行业营业总收入之比的平方和来构造行业的HHI指数，然后根据市场集中度的均值，将高于均值的样本定义为高集中度行业，低于均值的样本定义为竞争性行业。回归结果见表5.5。制造业中不同竞争程度企业的投资结构的调整，在面对"营改增"时，与服务业企业也有所不同。第（1）（2）列为集中性行业，无论是在较为严格的口径下，还是在比较宽泛的度量口径下，企业的金融投资规模对"营改增"税制改革表现出明显的反应，当中间投入品中"营改增"行业占比越多时，集中性行业投资结构更倾向于"脱虚"。而在第（3）（4）列的竞争性行业中，仅在狭义的统计口径下核心解释变量在90%的统计水平上显著。这与服务业企业呈现出较大的差异性，其中可能的解释是，制造业企业的基础投资规模相比于服务业更大，而行业集中度相对高的制造业企业一般属于资本密集型企业，因此受到"营改增"政策影响的程度也更大，投资结构也越容易出现动态的调整过程。

表 5.5　　　　　　　　不同竞争程度企业的异质性分析

	（1）	（2）	（3）	（4）
	集中性行业		竞争性行业	
	狭义金融投资	广义金融投资	狭义金融投资	广义金融投资
"营改增"	−10.587 2***	−9.382 3***	−0.907 3*	−0.051 6
	(1.327 4)	(1.390 2)	(0.541 1)	(0.584 3)
控制变量	控制	控制	控制	控制
个体效应	控制	控制	控制	控制
时间效应	控制	控制	控制	控制
观测值	3 634	3 634	5 033	5 033
R-squared	0.265	0.257	0.202	0.190

注：*、**、***分别表示10%、5%和1%的显著性水平，括号内为标准误。

四、不同要素密集度制造业企业间的异质性

面对"营改增"产生的减税效应，资本密集型企业与劳动密集型企业在投资结构的调整上可能存在较大差异。当企业为资本密集型时，生产经营成本通常更多来自固定资产耗损（徐超等，2019），而购进固定资产是可以进项抵扣的，意味着中间投入中与"营改增"行业关联越大，企业的可抵扣项目越多，减税效应越明显，从而引导企业投资结构的政策作用也越大；而劳动密集型企业中，生产消耗主要以购买人力资本为主，即使中间投入中与"营改增"行业关联不大，引起投资结构变化的效应也不显著。

表 5.6　　　　　　　　不同要素密集度企业间的异质性

	（1）	（2）	（3）	（4）
	高劳动密集度行业		高资本密集度行业	
	狭义金融投资	广义金融投资	狭义金融投资	广义金融投资
"营改增"	−2.359 4	−0.949 7	−3.063 1***	−2.578 9***
	(2.539 7)	(0.851 5)	(0.931 3)	(0.939 8)
控制变量	控制	控制	控制	控制
个体效应	控制	控制	控制	控制

续表

时间效应	控制	控制	控制	控制
观测值	4 247	4 247	4 584	4 584
R-squared	0.270	0.229	0.239	0.222

注：*、**、***分别表示10%、5%和1%的显著性水平，括号内为标准误。

与第三章的设定类似，本书以企业应付工资总额和应付福利总额与资产增加值的比值度量企业的劳动报酬率、固定资产净值年平均余额与资产增加值的比例反映企业资本密集度。然后，再根据不同指标的行业均值设定分组标准，如果样本大于均值，则分别为高劳动密集度、高人力资本密集度和高资本密集度的企业。接着针对高劳动密集度行业和高资本密集度行业分别进行回归，结果见表5.6。第(1)(2)列的回归结果显示，在高劳动密集型企业的制造业企业中，中间投入中与"营改增"行业关联的程度对企业的投资结构几乎不存在明显差异，其中的原因就在于增值税的抵扣只针对资本类投资，而非劳动力或人力资本投资。而第(3)(4)列显示，高资本密集型企业的投资结构应对"营改增"税制改革具有显著的降低金融类投资的反应。

第六节　本章小结

"营改增"通过改变服务业企业增值税纳税人的身份，延长了抵扣链条，使得整条产业链上的企业均受到"营改增"政策的影响。在验证了"营改增"能够引导服务业企业投资结构"脱虚回实"的结论后，本章研究了服务业企业的"营改增"对产业链中的制造业投资行为的影响，为"营改增"对企业投资结构的调整产生明显的行业外溢性提供了直接证据。总的来看，当产业链条中下游制造业企业的中间投入与"营改增"行业的关联程度越高时，企业投资的金融化程度就越低，投资结构"脱虚回实"。本书在研究方法上对现有评估"营改增"政策效果的文献做了有效拓展。既有文献大多根据企业经营范围或缴纳税种是否涉及"营改增"来划分处理组和对照组，本书认为在制造业企业中，"营改增"所产生的明显的地区外部性,导致以非试点地区的制造业作为对照组不再合适,本书根据制造业企业的中间投入中"营改增"行业的占比作为依据,划分实验组和对照组,有效规避了地区外溢性对回归结论的影响。本书结果显示:"营改增"具有显著引导制造业投资结构"脱虚回实"的效应,表明"营改增"不仅对直接受影响的服务业企业有优化投资结构的作用,还能够通过抵扣链条的传递性,引导整个产业链上的制造业企业的投资结构优化,从这一角度而言,"营改增"对于供给侧改革调结构、促增长,保障经济高质量发展具有积极的意义。本书针对基础结果做了一组稳健性检验,包括替换被解释变量的度量方法、重新定义处理组、利用 PSM 的方法重新定义控制组,三组稳健性检验与基本结论保持一致。

  本书做了多个层面的异质性分析。首先,在国有企业与非国有企业的分组回归中,非国有企业的政策效果显著高于国有企业,非国有企业的中间投入中"营改增"行业占比越高,受政策影响程度越大,企业的投资呈现"脱虚回实"的效果越明显;融资约束对"营改增"导致制造业投资结构调整具有重要影响,当企业面临的融资约束越高时,"营改增"引起的减税效应更容易引导企业减少金融投资,表明企业进行金融投资能更倾向于逐利动机,而低融资企业的金融投资则可能基于蓄水池动机,面对税制改革引起的减税效应,并未表现出明显的变化;集中度高的行业中,面对"营改增"制造业企业的投资结构调整更为明显,而竞争性行业应对税制调整的反应并不强烈,可能的解释是制造业企业的基础投资规模较大,垄断性行业中的企业更易形成规模经济,受政策影响程度高,减税效应明显,从而投资调整的规模也越大。最后,本书基于不同的要素投入结构区分了一组异质性,结果显示高资本投入企业,相比于劳动密集型企业在面对"营改增"时,投资结构更易出现调整,主要原因在于"营改增"主要作用于资本类的要素投入,对劳动投入没有影响,本组回归也可视作一组安慰剂检验,强化了基本结论。

  本章的研究内容和结论表明,"营改增"能够显著引起产业链条上制造业企业投资结构的优化调整,对制造业的升级改造,以及整个宏观经济的高质量发展具有积极的促进作用。"营改增"作为供给侧结构性改革中的重要财税改革，"调结构"的政策效果具有全局化意义。财税改革在引导企业的投资行为方面具有重要影响，随着经济下行和市场竞争程度的加剧，各行业的利润率逐渐接近完全竞争程度下的零利率水平，此时企业承担的税收负担成为影响企业利润率，甚至关系企业生死的重要变量，因此合理利用"财税改革"这一变量，尤其是具有结构性调整的改革政策，对于优化宏观经济结构、促进企业投资回归到实体经济上来至关重要。未来各地在经济发展规划中，应积极乘着"营改增"、大规模结构性减税的东风，加快调整经济结构的步伐，有效地引导企业投资回归实体经济，鼓励企业进行固定资产投资和无形资产等有效实体投资，并设定合理的配套优惠措施，鼓励企业多进行研发类创新投资，促进企业形成优化投资结构和转型升级的正向激励。加快政策创新、制度创新，在创新中破解企业投资"脱实向虚"的难题，为实现发展壮大实体经济的目标而努力。

第六章 "营改增"与企业投资结构的"脱虚回实":地区外溢性

第一节 引 言

在"营改增"之前,生产性服务业企业属于营业税纳税人,而营业税票并不能抵扣增值税的销项(范子英和彭飞,2017),制造业企业的投入中涉及生产性服务产品时,综合成本较高;"营改增"之后,试点地区的服务业企业成为增值税纳税人,具备开具增值税发票的资质,与之有业务关联的制造业企业购买的"营改增"服务可以取得增值税专用发票,作为进项抵扣。因此,制造业企业购买涉及"营改增"的应税服务,具有明显的降税的效应,这是"营改增"改在服务业、利在工商业的基本原理。

前一章中我们已经证实,随着抵扣链条的打通,"营改增"对企业投资结构的调整具有显著的行业外溢性,制造业企业的生产活动如果与"营改增"行业关联,实体投资减税效应明显,则能够引导制造业企业投资结构呈现"脱虚回实"的调整。这是从行业的角度而言,从地区的角度来看,"营改增"的减税效应可能通过地区间企业的跨区域交易,导致非试点地区的企业也深受税改政策的影响,企业的投资结构也具有"脱虚回实"的特征。值得说明的是,"营改增"对非试点地区企业的影响是通过抵扣链条产生的,如果抵扣链条断裂,则不会引起政策效果的传递,因此本章中所谓非试点地区的企业仅包括制造业企业,服务业企业因不能与试点地区"营改增"行业构成完整的抵扣链条,不受政策影响,而被排除在样本之外。从理论上而言,"营改增"对企业投资结构产生地区外溢性影响,可以

从以下方面进行解释:

首先,从减税的角度而言,由于可以进行进项抵扣,非试点地区的制造业企业购买"营改增"企业的产品或服务时,购入成本相对于购买本地非"营改增"企业的产品或应税服务可能有所下降,因此,即使增加一定交易成本,企业可能也愿意从试点地区购买此类应税服务。既有的一些文献也在实证上给出了"营改增"具有促进地区间企业业务往来的经验证据(范子英和彭飞,2017)。其次,从价格水平的角度而言,"营改增"对服务业企业具有减税作用,这直接降低了企业的成本,从而能够显著影响企业对服务类产品的定价水平,倪红福等(2016)通过数理和实证检验证实"营改增"使得服务业的价格水平下降。从这一角度而言,"营改增"能有效激励非试点地区制造业企业购买试点服务业企业的应税服务。最后,从征管的角度而言,"营改增"之后,征管机构由地税局转为国税局,国税局的垂直管理体系能够减缓不同地区税收征管时的信息不对称性,降低异地企业间的征纳成本,从而有利于企业跨地区的分工与协作。通过以上的分析可知,"营改增"能有效地促进地区间企业的业务往来,这意味着"营改增"对实体投资的减税效应会随着跨地区间的分工协作和抵扣链条传递到非试点地区,从而引起非试点地区制造业企业的投资结构出现"脱虚回实"的调整。

既有研究"营改增"对制造业溢出效应的文献,大都把政策效果的评估局限在本地范围内,即以试点地区的制造业为实验组,其他地区的制造业为对照组。他们对此的解释为:由于生产性服务业的选址具有追随制造业的效应,因此"营改增"对制造业的辐射影响主要发生在本地(陈钊和王旸,2016;孙晓华等,2020)。虽然产业链上游的服务业对下游制造业的追随效应在一些文献中被证实(Horst et al.,2001;Martin et al.,2004;刘志彪,2005;江静等,2007),但据此将受"营改增"影响的制造业限定在试点地区,这样的假设未免过于严格。生产性服务业与制造业虽然在空间分布上具有一定的协同定位效应,但并不能据此认为生产性服务业与制造业的分布在同一省份或地区,由于生产性服务企业还可能作为其他服务业的中间投入(刘志彪,2015),因此在地域分布上并不一定完全与制造业相同。进一步地,"营改增"后,试点地区企业与外地企业的业务往来显著增加,使服务业的辐射范围外溢到其他地区,因此,将全部非试点地区的制造业作为对照组,实证结果存在低估的问题。

本章实证研究了"营改增"在地区层面的外溢性,研究对象为制造业企业,不包括服务业企业,因为非试点地区的服务业企业不是增值税纳税人,即使取得进项的增值税专用发票,也不能抵扣,因此,不会受到"营改增"影响。由于"营改增"可能通过跨地区经营和抵扣链条两个渠道对制造业企业投资结构产生地区外溢性,因此本书在两个层面区分了处理组和控制组:一是以地理距离的远近作为区分处理组与控制组的依据,紧邻试点地区的制造业企业为处理组,远离试点地区的制造业企业为控制组;二是根据与试点地区、"营改增"行业的产业关联密切程度,划分处理组和控制组。利用分地区的投入产出表,测算非试点地区制造业企业的中间投入中涉及试点地区"营改增"行业投入的占比,占比越多,代表业务往来越紧密,实体投资中受到"营改增"减税效应政策影响越明显。实证结果显示:从地理位置的角度来看,"营改增"税制改革对试点临近地区制造业企业的虚拟投资产生了一定的外溢性,但随着地区层面控制变量的加入,这种效果明显减弱;"营改增"对其他地区制造业企业虚拟投资的影响,主要通过抵扣链条传递,来自试点地区的"营改增"行业中间投入越多,非试点地区的制造业企业的投资结构出现"脱虚回实"的效果越显著。我们还在多个层面做了稳健性检验和异质性分析,结论均加强了基本回归结果的可靠性。进一步地,我们就投资结构的优化对企业绩效的影响做了进一步的拓展研究,以企业成长度和全要素生产率两个综合性指标度量企业绩效,回归结果均表明,投资结构的"脱虚回实"能有效促进企业绩效提升,表明税制改革这一"调结构"效应能有效提高宏观经济的供给质量,对于完成供给侧改革目标具有重要的现实意义。

与既有文献相比,本章内容的边际贡献有以下几个方面:第一,"营改增"的政策效果能够随着抵扣链条传递到非试点地区,既有文献却还未关注到政策产生的这种地区外溢性问题,本书从研究范式上,为现有评估"营改增"政策的文献提供了有效补充。第二,既有关于"营改增"对制造业企业影响的文献,大都认同通过抵扣链条的打通这一渠道产生影响,但研究范式多是以定性分析为主,虽然部分实证研究涉及制造业与"营改增"行业间的关联程度(李永友和严岑,2018),但他们主要依据纯制造业或混业经营来区分处理组或控制组,这是一种间接的度量方式。本书则直接利用地区间投入产出表,准确度量了增值税的抵扣机制是如何影响制造业投资行为的。第三,本书对地区外溢性的度量区分了地理层面和产业层面,其中以距离试点地区的远近分组,依据在于服务业企业与制造业企业在区域分布上具有协同定位的倾向,而依据产业层面的度量则主要依赖于区域间的产业关联密切度。

第二节 理论分析

一、生产性服务业与制造业区域定位协同理论

现代服务业是在制造业的基础上发展起来,并且推动制造业逐步迈向现代化的独立产业部门(孙昕,2008)。生产性服务业提供的服务,主要作为产业链下游制造业的中间投入,且主要是作为技术要素的中间投入(刘志彪,2005)。由于生产性服务业属于知识和技术密集型行业,产出的产品是专业性和差异化较高的无形资产,这类产品或服务多是根据下游制造业的需求"量体裁衣",因此,生产性服务业与下游制造业之间存在较高的耦合性。有学者指出"客户—供应商"的关系导致制造业和服务业的地理分布具有协同定位效应,两类企业的空间定位互为对方函数(Andersson,2004)。有学者进一步指出,这种协同定位效应更倾向于是服务业对制造业的追随效应,原因在于生产性服务业企业的产品差异化较高、专业性强,面临的需求函数弹性较小(江静等,2007)。这就相当于在买卖关系中,买方更为强势,属于买方市场,服务业企业为了更顺利地

将产品和服务销售出去,在地理定位上会倾向于追随客户,形成地理位置和信息上的优势。

聚焦到本书的研究内容,"营改增"政策效果的地区外溢与生产性服务业的业务往来同步,近试点地区的制造业企业与"营改增"行业关系可能更为紧密,与之产生的业务往来也更多,因而近试点地区的制造业企业的实体投资可能享受到的"营改增"减税效果更明显,在减税政策的收入效应和调整结构效应下,企业投资结构出现"脱虚回实"的效果可能更显著。而远离试点地区的制造业企业,由于与试点地区的"营改增"服务业的地理位置较远,从协同定位的角度而言,从试点地区购进的服务类产品的数量可能较少,导致获得的进项抵扣较少,从而受到"营改增"政策的影响有限,对企业投资行为的影响也更小。因此,按照区域定位协同理论,除了试点地区的制造业,"营改增"主要是对近试点地区的制造业企业产生政策影响,因此结合前文的理论分析可知,相对于远离试点的地区,临近试点地区的制造业企业,在"营改增"前后,其金融投资水平可能更容易呈现下降的趋势。

然而,从生产性服务业聚集地的规律来看,这种协同定位的理论受到了不小的挑战。在新一轮的国际与区域分工中,现代服务业在地理分布上逐渐脱离制造业而产生自我聚集现象,且越来越向大城市集中,例如中国香港和新加坡等发达地区和城市。其中的原因在于随着制造业转型升级需求不断增加,现代服务业所面临的需求函数的弹性在逐渐变大,再加上现代传输等技术的发展,服务业企业对制造业在空间分布上逐渐失去黏性。相对而言,由于生产性服务业对技术这一要素非常敏感,而企业间的聚集可以产生信息和技术的规模效应,因而现代服务业越来越遵循优化自身发展的逻辑而逐渐聚集。有一些实证类文献也指出,生产性服务业虽然是为制造业企业服务的,但随着服务业企业的发展和规模的扩张,与制造业的地理分布一致已经不能算作解释服务业区位定位的重要因素了。其中重要的原因在于生产性服务业自身的分工逐渐精细化,使得企业的客户除了制造业外,还可能是其他的服务业企业,即某一类服务业企业的产品和服务是其他服务业生产的中间投入(刘志彪,2005),从而服务业企业对制造业在空间分布上依赖度不断下降。

二、产业关联与跨区域经营

产业关联是指不同产业间形成的经济或技术性的关联关系(向蓉美和孟彦菊,2011)。如前文所述,生产性服务业的产品(主要为无形产品)主要作为中间投入,进入下游制造业企业的生产活动中。随着制造业发展的纵向深化,加工制造过程日臻成熟,技艺也逐渐趋同,升级换代中更多的产品差异化和附加值越来越依赖于差异化较高的无形资产类要素的投入,因此,随着制造业的发展,生产性服务业与制造业之间的产业关联程度会越来越紧密。紧密的产业关联度使得上游的生产性服务业企业的经济行为能迅速传递到制造业中,并引起制造业企业产生相应的行为调整。例如,生产性服务业的调价行为,能显著引起制造业企业的行为调整。

"营改增"延长了产业间的抵扣链条,同时降低了生产性服务的价格水平,因此在促进产业纵向分工深化的同时,还促进了企业间的跨区域经营,促使非试点地区的制造业更倾向于向试点地区购买服务类产品(范子英和彭飞,2017)。原因在于:首先,从税收成本的角度来看,非"营改增"地区的制造业在购入试点企业的服务时,能够获得增值税发票进项抵扣,进而降低税负成本。其次,从价格的角度来看,上游服务产品投入的价格水平显著影响下游制造业,而影响服务业产品价格水平的众多因素中,税收是其中一个重要因素,"营改增"具有显著降低上游企业价格的效应,对制造业企业产生降低成本的效应,这会激励试点外的制造业增加涉及"营改增"企业提供的中间服务。再次,"营改增"之后服务业企业的征管机构由地税局转为国税局,中央垂直管理体系能够降低不同地区间的征纳成本,也有利于促进地区间的分工与协作(范子英和彭飞,2017;彭飞,2017)。

由前面章节的理论分析可知,"营改增"对制造业企业的降税效应主要发生在实体投资过程中,金融业由于与其他行业的产业关联度甚少,使得"营改增"后企业进行金融投资的税收收益明显低于实体投资。"营改增"导致的不同投资间的利益变动,促成了企业的投资结构出现"脱虚回实"的调整。在产业互联日益紧密的背景下,"营改增"对企业间跨区域分工与协作的促进作用,预计能够显著引起其他地区制造业企业的投资结构"脱虚回实"的调整,即"营改增"随着抵扣链条的打通和企业间跨区域协作,对非试点地区的企业产生明显的地区外溢性。地区间这种溢出性的大小是随着产业链条的抵扣机制传递的,因此作用程度的大小也与企业的中间投入中与试点地区、试点行业的关联度紧密相关,当某一地区(非试点地区)的中间投入中来自试点地区的"营改增"行业占比越高,证明其受惠于"营改增"政策的作用程度越大,预计企业投资出现"脱虚回实"的效果也越显著。

第三节 实证设计、数据来源与结果分析

基于理论层面的分析,本书利用上市公司的数据进行实证性检验,试图检验"营改增"这一税制改革,是否通过打通抵扣链条,对非试点地区的制造业企业的投资行为产生地区外溢性,引导试点外地区企业的投资结构呈现"脱虚回实"的调整。

一、基于地理距离的分组策略

结合上文的分析,本书构建计量模型来检验"营改增"对企业投资结构"脱虚回实"的调整是否在地区层面产生了外溢性。首先,我们以地理位置为分组依据,构建计量模型6.1。其中,下角标 i 表示企业,j 表示企业所处的行业,t 表示年份,k 表示企业所在省份或地区。

$$stru_{ijkt} = \alpha_0 + \alpha_1(treat_k \times post_t) + \alpha_2 treat_k + \alpha_3 post_t + \alpha_4 X_{ijkt} + \gamma_{kt} + \mu_i + \theta_t + \varepsilon_{ijkt} \tag{6.1}$$

为保持前后文实证结果解释的一致性,被解释变量 $stru_{ijkt}$ 仍然为企业总投资中的金融投资占比,包括狭义的金融投资和广义的金融投资,度量方法与前文相同。由于本章内容是检验"营改增"在地区层面产生的外

溢性,因此代理处理组和控制组分组的变量 $treat_k$ 是地区层面的,根据企业的注册地来识别。如果省份 k 在地理位置上是靠近"营改增"试点地区,即与试点地区具有同一地理边界,则设定为处理组,定义 $treat_k$ 等于 1,其他地区设定为控制组,定义为 0。值得说明的是,我们排除了试点本地的样本,主要考虑到试点本地的企业可能高估政策的外溢效果,不适合作为处理组,同样直接受政策影响的样本更不适宜作为控制组,因此将其删掉。另外,由于"营改增"的试点地区中有些是在省级层面,有些是在市级层面,因此我们在设定处理组和控制组时也控制到对应层面,当试点地区为省一级时,临近试点的处理组也是到省一级,即试点省周围的省份内的制造业企业为处理组;当试点地区为市时,处理组的样本为试点周围市区的制造业企业。这样处理,临近试点的地区可能存在重叠的现象,我们没有加以区分,而是统一将其视为临近试点地区,设定为处理组。

$post_t$ 代表改革的时间,与前文的设定相同,对年中实施"营改增"的地区和行业,将每年上半年试点的上市公司以当年为处理组,下半年开始试点的企业以下一年为处理组。因此,交乘项所指代的核心解释变量是一个地区层面随时间变化的变量。借鉴既有文献的研究结论,我们加入了一系列的控制变量 X_{ijkt} 来排除相关因素对基本结论的可能影响。企业层面的控制变量包括盈利能力、企业规模、管理效率、杠杆率水平、企业年龄、市场势力、托宾 Q 值等,控制变量的定义方式与前面章节的定义相同;除此之外,考虑到本章内容是研究"营改增"税制改革对企业投资结构的影响在地区层面的外溢性,核心解释变量也是地区层面的变量,本书加入了地区层面的控制变量,包括地区 GDP、产业结构,以第二产业比第三产业来度量,以此来控制经济结构等地区特征类因素对回归结果的影响。

本章实证应用的数据主要为 2009 年到 2014 年上市公司中的制造业数据。不同于前面几章将样本时间截至 2015 年,本章将时间截至 2014 年,主要因为改革后期中央和各地政府已经取得了较成熟的改革经验,改革过程推进较为平稳,对宏观经济的影响也相对温和。为了尽可能地保证增值税抵扣链条的完整,2014 年之后的试点工作在地区层面都是同时在全国范围内推开,仅在行业层面进行递进式推开。结合本书的研究内容,我们以与试点之间的地理距离为分组依据,地区上统一推开的试点改革令我们无法区分处理组和控制组。因此,我们将样本范围限定到了2014年之前。

依据地理距离进行分组的回归结果见表6.1。第(1)(2)显示,当没有加入任何控制变量时,在两类度量企业金融投资水平的指标下,核心解释变量的系数都在99%的统计水平上显著为负,表明相对于远离试点的地区,临近试点地区的制造业更易受到"营改增"政策的影响,虚拟投资水平显著低于控制组,实体投资中产生的减税效应使得这些地区的制造业企业更倾向于实体投资。这一结果在一定程度上表明,"营改增"对制造业企业投资结构的影响具有空间的外溢性,且这种外溢性是随着地理距离的增加而衰减的,其中的原因就在于服务业企业的分布对制造业企业具有一定的追随效应,增值税环环相扣的税制设计,使得越是与试点地区相近的制造业企业,越容易受到政策影响。同时,这一结论还表明,非试点地区受"营改增"的影响并不是同质的,既有一些文献将非试点地区的制造业企业全部作为控制组的做法,可能对其估计结果有实质性的影响。表6.1的第(3)(4)列中我们加入了企业层面的控制变量,回归结果都至少在95%的水平上显著,表明不同地区间制造业企业投资结构的差异不是由企业层面的因素导致的。

表6.1 "营改增"对制造业企业投资结构的地区外溢性:地理距离

	(1)	(2)	(3)	(4)	(5)	(6)
	狭义的金融投资	广义的金融投资	狭义的金融投资	广义的金融投资	狭义的金融投资	广义的金融投资
"营改增"	−0.022 9***	−0.008 2***	−0.015 8***	−0.005 3**	−0.012 2***	−0.003 9
	(0.005 6)	(0.002 7)	(0.005 4)	(0.002 6)	(0.006 1)	(0.002 8)
企业规模			0.008 5***	0.002 9**	0.004 9	0.001 8
			(0.003 1)	(0.001 3)	(0.003 6)	(0.001 4)
资产负债率			−0.012 5	−0.003 4	−0.015 9	−0.004 9
			(0.020 0)	(0.008 6)	(0.022 5)	(0.009 6)
盈利能力			0.088 6**	0.038 5**	0.076 8*	0.033 7
			(0.041 9)	(0.019 1)	(0.045 7)	(0.021 4)
市场势力			−0.086 8***	−0.041 1***	−0.062 0**	−0.030 5**
			(0.026 0)	(0.012 2)	(0.028 2)	(0.013 4)

续表

企业年龄	0.004 2***	0.001 7***	0.004 2***	0.001 8***		
	(0.000 6)	(0.000 3)	(0.000 6)	(0.000 3)		
托宾Q	0.012 6**	0.006 1***	0.011 7**	0.005 3**		
	(0.004 9)	(0.002 4)	(0.005 6)	(0.002 7)		
GDP			0.011 9	0.004 7		
			(0.010 9)	(0.005 3)		
个体效应	控制	控制	控制	控制	控制	控制
时间效应	控制	控制	控制	控制	控制	控制
观测值	4 241	4 240	4 241	4 240	4 241	4 240
R-squared	0.003	0.006	0.044	0.045	0.022	0.023

注：*、**、***分别表示10%、5%和1%的显著性水平，括号内为标准误。

进一步地，表6.1的第(5)(6)列中，我们加入了地区层面的控制变量，核心解释变量系数的方向没有改变，但显著性出现较大变动，狭义的金融投资为被解释变量，其回归系数仍然在95%的水平上显著，但广义的金融投资的度量方式下，回归结果已然不显著。这一组结果表明，地区层面的特征变量吸收了大部分的政策效果，表明"营改增"政策引起近试点地区和远试点地区间制造业企业投资金融化的差异，与地区间的经济发展水平和经济结构有重要的关系。这一结果意味着，从地理区位的角度考虑"营改增"的地区外溢性的解释力变弱。出现这种情况可能存在以下两方面原因：一是随着服务业自身分工的精细化，上游服务业企业对于下游制造业的依赖程度逐渐减弱，企业的客户群体逐渐从周边地区的制造业向其他地区或其他类型的企业扩张。二是"营改增"后，随着抵扣链条的打通，服务业的业务对象有所扩大，从而打破了对临近地区制造业企业的依赖。两方面原因使得近试点地区的地理区位优势不再明显。而由于"营改增"的试点地区多是经济较发达的地区，靠近试点地区的平均经济发展水平相对于控制组较高，因此地区的经济发展水平可能是之前回归的遗漏变量，在经济发展水平相同的情况下，"营改增"将不能引起处理组和控制组地区间的制造业企业投资结构的显著差异。

二、基于区域间产业关联度的分组策略

前文的分析表明，"营改增"对制造业企业投资结构的地区外溢性，单

纯通过地理区位因素来分析，没有太大的解释力。结合上文的理论分析，"营改增"对其他地区实体投资的减税效应主要随着抵扣链条传递。因此，我们重新构建了计量模型 6.2 来检验由于产业互联和跨地区经营，导致"营改增"对企业投资结构产生地区外溢性。其中 $stru_{ikt}$ 代表企业投资的金融化水平，与其他章节的度量方法一致，分别包括广义的金融投资水平和狭义的金融投资水平，下角标 i 表示企业，k 表示企业所在省份，t 表示年份，其他控制变量与模型 6.1 相同。

$$stru_{ikt}=\beta_0+\beta_1 new\_input_{JMt}+\sum_\theta\beta_\theta X_\theta+\gamma_t+\delta_i+\varepsilon_{it} \quad (6.2)$$

new_input_{JMt} 是本书所关注的核心解释变量，代表制造业企业的中间投入中来自试点地区、"营改增"行业的占比。本章中 new_input_{JMt} 的度量，不同于第五章的构造方法，new_input_{JMt} 是在行业和地区层面皆有变化的变量。具体构建核心解释变量 new_input_{JMt} 的方法见方程 6.3，其中，J 表示中间投入品的行业，M 表示中间投入来源的省份。$weight_{JM}$ 代表来自 J 行业、M 省中间投入的直接消耗系数；$vatrate_{Jt}$ 代表 J 行业的增值税率；$treat_{Jt}$ 为 J 行业是否"营改增"行业的虚拟变量；$treat2_{Mt}$ 为是否试点地区的虚拟变量，当中间投入品来自试点地区时，$treat2_{Mt}$ 定义为 1，其他定义为 0。new_input_{JMt} 同样是一个由 0 和小于 1 的正自然数组成的变量，当变量为 0 时，代表企业 i 的中间投入与"营改增"行业没有关联，由两部分样本组成：一部分是"营改增"之前，一部分是"营改增"之后，中间消耗中没有来自试点地区、试点行业的投入；当变量非 0 时，含义为制造业企业所处行业与试点地区、试点行业的关联度，这一数值越大，代表中间投入中来自试点地区的"营改增"行业的份额越高，受改革政策的影响程度越大。

$$new\_input_{JMt}=\sum_{m=[1,42]}weight_{JM}\times vatrate_{Jt}\times treat_{Jt}\times treat2_{Mt}$$
$$(6.3)$$

构建核心解释变量的数据主要为 2012 年区域间投入产出表。由于"营改增"的政策发生在 2012 年之后，因此我们的投入产出表中选择可获得的最近的2012年数据。国家层面的投入产出表可以反映行业经济间的相互依赖关系，但没有区分这些中间投入分别来自哪些地区，而是假定所有投入的消耗在地区间是没有差异、可以完全替代的，因此国家层面的投入产出表无法反映区域间的贸易流。为了分析区域间的贸易往来关系，Isard(1951)构建了区域间的投入产出模型(IRIO)来呈现区域、部门间的产品流量矩阵(刘卫东等，2012)。由于国家内部区域间贸易量基本是没有统计的，因此目前区域间投入产出表主要是基于交通部门统计的大宗商品的运输数据，利用引力模型进行估算的。2012年的区域间投入产出表就是中国科学院的地理学者与国家统计局根据引力模型统计的成果。具体到投入产出表数据的内容模块，相对于全国层面的投入产出表，需求象限中增加了地区维度，能够揭示某一行业的中间投入分别来自哪个地区、哪个行业的直接消耗，因此可以用来分析各区域之间在不同产业上的经济贸易联系，为进行区域间相互作用分析提供了数据支撑。由于2012年区域间投入产出表是四十二部门的，行业分类不够细致，导致部分设为处理组的行业可能没有进行"营改增"，如投入产出表中的交通运输、仓储和邮政属于一类产业，但这三个行业改革的年份有所差异，会引起政策效果的低估，幸而对最终结论的威胁并不是致命性的。换句话说，如果在低估的情形下，依然可以检验到实验效果，那么表明实际中的政策效果可能更为明显。值得说明的是，虽然核心数据只有2012年的区域间投入产出表，但核心解释变量的构建中因为有其他交乘项的存在，仍然是一个在地区、行业、时间上均存在变化的变量。其他变量的数据来自国泰安数据。为了排除试点企业的政策效果对估计结果的干扰，与前面回归的处理结果类似，我们删掉了当年的试点本地的企业数据。

回归结果见表6.2。从第(1)(2)列的结果来看，无论是在哪种度量企业金融投资水平的方法下，核心解释变量的回归结果都显著为负。在第(3)(4)列中，我们加入企业层面和地区层面的控制变量后，回归结果依然在99%的统计水平上显著为负。两组结果相对于以地理区位为分组依据的回归结果更为稳定，表明通过抵扣链条产生地区外溢性是一条更为稳健的渠道。表 6.2 中回归结果的经济学意义是鲜明的,相比较于"营改增"之前,此次税制改革后非试点地区的制造业如果与试点地区的"营改增"行业关联度越紧密,则企业投资"脱虚回实"的政策效果越明显。这一结果具有两方面的经济学含义:一方面,"营改增"对产业链上制造业投资结构的影响,除了随着抵扣链条的打通在行业间产生外溢性,还随着跨区域经营,在地区层面产生了较强的外溢性,这是本章所要检验的核心内容;地区外溢性的发现,再一次强化了"营改增"是在全局意义上具有优化企业投资结构、提高供给质量的结论,对于助力实现供给侧改革目标具有重要意义。同时,本章研究结论还意味着未来评价"营改增"政策效果的研究均需要考虑随抵扣链条产生的地区外溢性,在处理组和控制组的设定上,可以利用产业关联度,避免一刀切地以是否试点地区、是否试点行业来区分,从而避免实证回归结果的偏误。另一方面,对比表 6.2 和表 6.1 的回归结果,说明随着"营改增"的深入推进、抵扣链条的打通、税收成本的下降和信息壁垒、征管等制约因素的放松,服务业对制造业在地理上的协同定位效应可能会逐渐改变,在一定程度上改变服务业在空间上追随制造业的特征,服务业企业的业务辐射范围会进一步突破地域限制,促进不同地区间、产业间的深度分工与协作。

表 6.2　"营改增"对制造业企业投资结构的地区外溢性:产业关联

	(1)	(2)	(3)	(4)
"营改增"	−3.450 2***	−2.428 6***	−1.826 6***	−2.541 2***
	(0.575 2)	(0.634 4)	(0.584 9)	(0.626 6)
企业规模			−0.000 1	0.004 1**
			(0.001 9)	(0.002 0)
资产负债率			−0.273 0***	−0.283 2***
			(0.011 8)	(0.012 4)
盈利能力			0.145 5***	0.155 5***
			(0.020 2)	(0.019 9)
市场势力			−0.007 8	−0.015 3***
			(0.012 2)	(0.005 0)
企业年龄			0.001 9***	0.003 0***
			(0.000 3)	(0.000 4)
管理效率			0.237 9***	0.319 6***
			(0.037 7)	(0.039 6)

续表

托宾 Q			0.001 5	−0.003 2*
			(0.001 9)	(0.001 8)
GPD			0.282 0***	0.177 3***
			(0.041 0)	(0.043 5)
个体效应	控制	控制	控制	控制
时间效应	控制	控制	控制	控制
观测值	4 571	4 570	4 386	4 385
R-squared	0.014	0.014	0.220	0.196

注：*、**、*** 分别表示 10%、5%和 1%的显著性水平，括号内为标准误。

第四节　稳健性检验与异质性分析

一、稳健性检验

针对表 6.2 中基本回归的实证结果，我们进行了一系列稳健性检验。首先，基础回归是以制造业企业的中间投入与"营改增"试点地区、行业的产业关联紧密程度作为分组依据。其中，控制组为中间投入中没有涉及"营改增"应税服务的企业样本，但这类样本较少，为保证控制组一定的样本量，参照李永友和严岑（2018）的处理思路，本书以产业关联度在 5%分位数以下的样本设置为对照组。回归结果见表 6.3 的第（1）（2）列，回归系数与基本结果差异不大，在一定程度上给出了基础结论稳健的证据。

其次，本书虽然控制了企业的个体效应，可以排除企业层面不随时间变化的特征对投资结构的影响，但可能存在随时间变动的行业因素影响企业的投资决策。例如在行业层面，若某行业为政府重点扶持行业，为企业提供了多方面的优惠政策和补贴，那么这类企业将面临较低的融资约束，且进行实体投资的风险较低、收益较高，导致企业无论在逐利动机还是蓄水池动机下进行金融投资的动机都比较弱。如果这类企业的中间投入中大量来自试点地区，那么回归结果会混淆"营改增"的影响和政策扶持的作用。因此，我们加入了行业和时间的交乘固定效应，以排除行业和时间变化的因素对基础结果的影响。回归结果见表6.3的第(3)、(4)列，随着多维度固定效应的加入，回归结果的系数和显著性依然稳健，再一次增强了我们对基础结论可靠的信心。

表6.3 稳健性检验

	(1)	(2)	(3)	(4)	(5)	(6)
	狭义的金融投资	广义的金融投资	狭义的金融投资	广义的金融投资	狭义的金融投资	广义的金融投资
"营改增"	−1.353 9**	−2.197 3***	−2.837 1***	−3.587 3***	−1.282 8**	−2.253 2***
	(0.560 4)	(0.615 6)	(0.976 5)	(1.034 1)	(0.562 7)	(0.617 2)
企业层面控制变量	控制	控制	控制	控制	控制	控制
地区层面控制变量	控制	控制	控制	控制	控制	控制
个体效应	控制	控制	控制	控制	控制	控制
时间趋势	控制	控制	控制	控制	控制	控制
行业*时间			控制	控制		
地区*时间					控制	控制
观测值	4 386	4 385	4 124	4 123	4 386	4 385
R-squared	0.229	0.202	0.249	0.231	0.248	0.227

注：*、**、***分别表示10%、5%和1%的显著性水平，括号内为标准误。

最后，从地区层面来看，由于不同地区的经济发展水平相差巨大，各地区的经济政策也不尽相同，不同的宏观经济环境对企业的投资决策具有深远影响(王中义和宋敏，2014；刘贯春等，2019)。如果这种影响在企业间存在差异，那么这种地区间的异质性趋势就可能影响上文实证分析的一致性。因此，参考申广军等(2016)的做法，第三组的稳健性检验中我们控制了地区和时间的交乘固定效应，回归结果见表6.3的第(5)、(6)列，回归系数也没有发生较大变化，在两种度量企业金融投资水平的方法下，"营改增"都显著地抑制了企业的投资结构失衡，促进企业的投资回归到实体投资上来。这一结果表明宏观经济环境的异质性时间趋势并不会对回归结果产生实质性影响。三组稳健性的回归结果与基本结果保持高度一致，排除了来自分组设定标准、行业和地区在时间变化上的异质性对估计结果的影响，表明基础结论具备较好的稳健性，强化了其可信度。

二、异质性分析

与前文的行文逻辑一致,这里做了进一步的异质性分析。分组方法与前面章节类似,我们分别基于企业所有制、融资约束程度、不同行业集中度、不同要素密集类型对样本进行了分别回归。为了节约篇幅,我们不再赘述具体的分类标准,几类异质性分析的结果也汇总到了表6.4中。从回归结果反应来看,Panel Ⅰ为不同所有制的分别回归,其中只有非国有企业样本中"营改增"对企业投资结构才具有明显的调整效应,这一结论与第五章相同,表明税制改革释放的税收红利对竞争更激励的民营企业的引导调整效应更明显。Panel Ⅱ是对不同融资约束程度企业的异质性分析,结果显示融资约束越高的企业,利用"营改增"的改革红利,积极拓展实体投资的效应越明显。这一结果表明,融资约束是制造业转型升级的重要障碍,同时也是企业进行金融投资的重要动机来源,而针对实体投资的结构性减税政策能显著引导企业的投资回归到实体投资上来,"营改增"在调结构方面发挥的政策效应显著。Panel Ⅲ是对行业集中度的异质性分析,相比于行业集中度低的企业,行业集中度高的企业在"营改增"政策的引导下进行投资结构"脱虚回实"的调整效应更为明显。Panel Ⅳ是不同要素密集程度的异质性分析,由于资本密集型企业在"营改增"中的收益程度要明显高于劳动密集型企业,与之相适应的,"营改增"对企业投资结构的优化调整也主要发生在资本密集型企业中,劳动密集型企业的投资结构对"营改增"政策的反应不明显。表6.4中,这四类异质性检验的结论与第五章结果基本一致,也是符合预期的,因为"营改增"对其他行业、其他地区的外溢性影响,终归是由于服务业提供的应税服务进入制造业作为中间投入而产生的,都是通过增值税的抵扣链条进行传导。不同的是在验证行业层面外溢性时,我们仅在行业层面考虑了"营改增"中间投入的占比,而在验证地区外溢性时,我们不仅考虑了试点地区和试点行业,而且在样本中删除了试点地区本身,仅以没有直接作为试点的地区的制造业企业为样本企业。

表 6.4　"营改增"对产业链下游制造业企业投资结构的地区外溢性:异质性分析

	(1)	(2)	(3)	(4)
	\multicolumn{4}{c}{Panel Ⅰ}
	\multicolumn{2}{c}{国有企业}	\multicolumn{2}{c}{非国有企业}
	狭义金融投资	广义金融投资	狭义金融投资	广义金融投资
"营改增"	−0.968 9 (0.910 9)	2.162 2** (1.096 6)	−2.111 5*** (0.758 4)	−2.065 2*** (0.767 9)
	\multicolumn{4}{c}{Panel Ⅱ}
	(1)	(2)	(3)	(4)
	\multicolumn{2}{c}{高融资约束企业}	\multicolumn{2}{c}{低融资约束企业}
	狭义金融投资	广义金融投资	狭义金融投资	广义金融投资
"营改增"	−3.022 2*** (0.709 5)	−2.639 7*** (0.761 3)	−0.173 2** (0.077 2)	−0.137 4* (0.081 3)
	\multicolumn{4}{c}{Panel Ⅲ}
	(1)	(2)	(3)	(4)
	\multicolumn{2}{c}{高集中度行业}	\multicolumn{2}{c}{低集中度行业}
	狭义金融投资	广义金融投资	狭义金融投资	广义金融投资
"营改增"	−8.025 7*** (1.413 0)	−7.129 4*** (1.481 7)	−0.680 5 (0.627 9)	0.244 9 (0.671 0)
	\multicolumn{4}{c}{Panel Ⅳ}
	(1)	(2)	(3)	(4)
	\multicolumn{2}{c}{高劳动密集度行业}	\multicolumn{2}{c}{高资本密集度行业}
	狭义金融投资	广义金融投资	狭义金融投资	广义金融投资
"营改增"	5.740 3* (3.427 6)	−1.504 3 (1.500 9)	−4.324 3*** (0.861 9)	−3.562 8*** (0.933 8)
控制变量①	控制	控制	控制	控制
个体效应	控制	控制	控制	控制
时间效应	控制	控制	控制	控制

注：*、**、***分别表示10%、5%和1%的显著性水平,括号内为标准误。

---

① 表 6.4 中的所有回归均加入了控制变量,为了排版简洁,仅在最后的一个分表格中标示了控制变量。

第五节　投资结构优化对企业绩效影响的拓展分析

助力制造业企业转型升级和效率提升,促进经济高质量发展,是供给侧结构性改革的核心目标之一。结合前文的实证结果可知,"营改增"促进了制造业企业投资结构的"脱虚回实",这一投资结构的调整具有显著的行业外溢性和地区外溢性。然而这一具有全局意义的投资结构的调整,能否提升企业的整体绩效,实现企业的高质量发展和宏观经济的高质量供给,还未可知。从国家税改政策的落脚点来看,"营改增"的重要目的是调节经济结构,促进经济的高质量发展,落实到微观企业上,根本目标则是切实提升企业的质量和绩效。因此,在前文一系列实证回归的基础上,本书还检验了"营改增"对企业投资结构的优化,是否能够转化为企业生产的新动力,从而提高生产绩效。从现有一些文献的结论来看,企业投资金融化对绩效的影响方向并不一致。一方面,金融资产可能扮演蓄水池的作用,通过促进企业的科技创新等渠道(刘贯春等,2019),提高企业的生产效率;另一方面,企业基于套利动机的投资金融化也可能对生产效率产生扭曲效应,企业过度依靠投机进行短期盈利,会逐渐偏离主营业务,制约其全要素生产率的提升(谢获宝等,2020)。因此,"营改增"引导企业投资结构"脱虚回实"后,能否促进企业绩效的提升还是一个待检验的命题。

对于这一命题的检验,一个重要的前提是需要找到合适的指标来度量企业绩效。企业绩效是一个能够综合反映企业一段时间内经营成果的指标,并不列示在企业的财务报表中,需要利用其他指标来计算。现有文献中的度量方法也不统一,各有侧重面,例如申广军等(2016)利用资本和劳动产出率作为衡量企业绩效的指标,主要是基于道格拉斯生产函数,从供给端进行刻画。资本产出率以工业增加值与固定资产存量比值的对数来表示,其中的工业增加值等于固定资产折旧、劳动者报酬、生产税净额、营业利润之和(丁汀和钱晓东,2019)。劳动产出率等于工业增加值与年平均就业人数的比值。李永友和严岑(2018)以劳动生产率作为衡量制造业转型升级的变量,当企业的劳动生产率提升时,代表企业的绩效变好,转型升级成功。就本书的研究内容来看,以劳动生产率衡量企业绩效并不合适,理由在于,实体投资的增长会直接带来劳动生产率的提高。更多的文献利用 TFP 度量企业绩效(孔东民等,2014;盖庆恩等,2015;王恕立等,2015),原因在于 TFP 是一个综合衡量企业经营成果的变量,包含的信息较为丰富。李林木和汪冲(2017)以企业成长性来衡量企业绩效,包括企业的净利润和盈利能力、资产以及就业方面的增长。

结合本书的分析内容和现有文献的做法,本书分别用企业成长度和全要素生产率来衡量企业绩效。本书没有采用资本产出率的方式来度量企业绩效,主要考虑如下:一方面,实证模型的核心解释变量是企业的投资结构,其中包含固定投资等实体投资,在度量方法上本身就与资本产出率具有很大的重叠性,两个变量的相关性很高,在变化趋势上的同步性对于回归结果具有重大干扰。另一方面,劳动产出率和资本产出率等要素与 TFP 具有长期稳定的相关关系(Martino,2015),因此,本书以更具综合性的 TFP 指标来度量企业的绩效。

企业成长度的度量方法参考李林木和汪冲(2017),等于企业的净利润除以所有者权益年初数和年末数的均值。TFP 的度量参考现有一些文献(Olley and Pakes,1996;Giannetti et al.,2015;聂辉华和贾瑞雪,2011;鲁晓东和连玉君,2012),以修正的 OP 方法来计算。OP 方法是半参数估计,能够解决投入要素与生产率相关产生的联立性问题和生产率与退出相关导致的样本选择问题,相对于其他计算 TFP 的方法具有明显优势(毛海涛等,2019)。参考已有文献,具体的计算方法如下。

$$y_{it}=\varphi_0+\varphi_{it}L_{it}+\theta_{Kit}+\delta_{it}M_{it}+\varepsilon_{it} \qquad (6.5)$$

式中 y_{it} 是企业主营业务收入的自然对数,L_{it} 代表企业的劳动投入(企业员工人数)的自然对数。M_{it} 是企业的中间投入,以企业购买商品、接受劳务实际支付的现金来代理。针对样本期间的非平衡性可能产生的选择性问题,参考 Olley 和 Pakes(1996)的做法,利用 Probit 模型估算出企业的生存概率,作为"退出变量"。"状态变量"为企业年龄和资本存量,"代理变量"为企业的投资,"自由变量"为劳动力投入和中间品投入。

待度量指标构建完毕,本书对"营改增"优化企业投资结构,进而对企业整体绩效产生的影响进行了实证检验。检验的思路为:首先本书以企业绩效指标作为被解释变量,对企业投资的金融化水平进行回归,以此来检验企业的投资结构是否能够显著降低绩效指标。然后,令"营改增"政策变量与企业投资金融化水平变量进行交乘,在控制"营改增"和投资金融化水平这两个平行项后,交互项的系数代表"营改增"通过影响企业投资结构,对企业绩效的影响程度。具体的回归结果见表6.5和表6.6,其中表6.5是以企业成长度来衡量企业绩效,表6.6是以企业TFP来衡量企业绩效。两个表中,第(1)(3)列的结果均显示,企业的金融化水平对衡量企业绩效的指标具有显著的抑制效应,表明企业投资越注重金融资产,企业的成长性和生产的效率就会越差。前文的实证结果表明,"营改增"能显著抑制企业投资的"脱实向虚",那么从理论上来说,"营改增"后,随着投资结构的调整,企业的绩效指标将显著改善。第(2)、(4)列中,本书加入了"营改增"与金融投资水平的交互,交互项的系数显著为正,意味着"营改增"具有正向的调节效应,能显著改善金融投资对企业绩效的负面影响。这一结果表明,"营改增"通过优化企业投资结构,进而使得企业绩效提升的逻辑链条成立,同时说明"营改增"能够在一定程度上实现供给侧改革的政策目标,通过调整经济结构,优化供给质量。

表6.5   "脱虚回实"对企业投资绩效的影响:企业成长度

	(1)	(2)	(3)	(4)
狭义的金融投资	−0.155 6*** (0.016 1)	−0.141 5*** (0.022 6)		
"营改增"×狭义的金融投资		0.026 2*** (0.005 8)		
广义的金融投资			−0.185 8*** (0.016 3)	−0.165 8*** (0.022 2)

续表

"营改增"×广义的金融投资		0.025 9*** (0.005 8)		
"营改增"		−0.710 9 (1.101 7)		−0.420 3 (1.182 4)
企业层面控制变量	控制	控制	控制	控制
地区层面控制变量	控制	控制	控制	控制
个体效应	控制	控制	控制	控制
时间趋势	控制	控制	控制	控制
观测值	3 242	3 210	3 241	3 209
R-squared	0.130	0.133	0.131	0.121

注：*、**、***分别表示10％、5％和1％的显著性水平，括号内为标准误。

表 6.6 "脱虚回实"对企业投资绩效的影响：全要素生产率（TFP）

	(1)	(2)	(3)	(4)
狭义的金融投资	−0.042 1** (0.021 3)	−0.036 0 (0.030 2)		
"营改增"×狭义的金融投资		0.030 6*** (0.007 9)		
广义的金融投资			−0.044 7*** (0.021 8)	−0.033 9 (0.029 8)
"营改增"×广义的金融投资				0.030 4*** (0.007 9)
"营改增"		−0.811 0 (1.484 2)		−0.990 4 (1.595 3)
企业层面控制变量	控制	控制	控制	控制
地区层面控制变量	控制	控制	控制	控制
个体效应	控制	控制	控制	控制
时间趋势	控制	控制	控制	控制
观测值	3 959	3 202	3 958	3 201
R-squared	0.079	0.068	0.079	0.068

注：*、**、***分别表示10％、5％和1％的显著性水平，括号内为标准误。

第六节 本章小结

"营改增"后,随着抵扣链条的打通和试点服务业企业跨地区经营活动的增加,税收改革的政策效果除了在行业层面产生外溢性外,还在地区层面产生了较强的外溢性。既有研究"营改增"对制造业企业影响的文献,大多基于服务业企业对制造业的追随效应,仅将试点地区的制造业作为处理组,而没有考虑产业互联越来越紧密的背景下,随着抵扣链条的打通和跨区域经营的增加,"营改增"在地区层面产生的外溢性。这样的处理方式可能导致现有一些文献的实证结果中,存在不同程度的低估或高估的问题。

本书基于上市公司制造业企业的数据,给出了"营改增"对周边地区制造业企业的投资结构具有显著影响的证据,从实证上表明"营改增"税制改革对企业的影响具有较强的地区外溢性。首先,由于生产性服务业与制造业在地区分布上具有区域定位协同效应,使得近试点地区的制造业企业的中间投入与试点"营改增"行业关联性更紧密,导致这类企业产生的减税效果更明显,因此从理论上来说,在"营改增"减税政策的收入效应和调节效应下,近试点地区企业的投资结构"脱虚回实"的效果会更显著。本书的实证结果与这一预期基本一致,相比于远离试点地区的制造业企业,靠近试点地区的制造业企业在"营改增"后,投资中的虚拟投资水平更低,但当进一步控制地区层面的经济变量后,这一效应的显著性减弱,表明生产性服务业与制造业在地理位置上的关联主要是由经济变量所驱动,地区间的经济水平越接近,这种协同定位效应越明显,相反,当地区间的经济水平差异较大,即使在同一区位,可能也不会出现服务业对制造业的追随效应。因此,突破地理定位协同的思路,本书通过产业关联度重新刻画服务业与制造业之间的联系,来验证"营改增"的地区外溢性。基于地区间投入产出表,构建各地区的制造业企业的中间投入与试点地区"营改增"行业的关联程度,以关联度高的地区为处理组,关联度低的地区为控制组。双重差分的结果显示,制造业的中间服务中来自试点地区的"营改增"行业占比越高,企业的金融投资水平越低。其中的机制在于,"营改增"在一定程度上打破了服务业与制造业在地区层面的限制性,促进了生产性服务业跨地区经营,从而引致非"营改增"地区企业投资行为的调整。本章内容在实证设计和估计方法上,为既有研究"营改增"政策效果的文献做出了有效的边际补充。未来评估"营改增"政策效果的文献,应充分考虑"营改增"降税效应对不同区域间的贸易往来的影响,以及由此引起政策的地区外溢性,从而科学评估相关政策影响。最后,本书对"营改增"引导企业降低投资的金融化水平后,能否促进企业效率的提升进行了检验,结果表明,当制造业企业的投资回归实体后,企业绩效指标明显改善,表明"营改增"作为"供给侧改革"的重要抓手,能够明显改善供给质量。

  本章的研究结论意味着,未来推进"营改增"税制改革与配套整改措施中,要全面取消地方政府过度的干预,避免阻碍产品和生产要素的流动,各地政府也不能通过设置门槛或直接下行政命令的方式限制企业间的跨区域经营,以促进区域间的产业融合。近年来,随着产业间的分工程度的深化,地方保护主义和市场分割的问题有所缓解,但在部分地区仍然存在地方政府要求特定企业,如国有企业必须购买本地应税服务产品等情况,来保护本地企业的发展和保持税基稳定,这会弱化"营改增"调结构的政策效应。今后的经济和财税改革中,应配套相应的制度改革,防止地方政府的短视行为。本书的研究结论意味着,既有文献中简单将非试点地区制造业作为对照组的实证设计,将导致估计结果出现不同程度的高估或低估,研究"营改增"政策效果,应充分考虑其产生的地区外溢性。

第七章　研究结论与政策建议

第一节　总结论

供给侧结构性改革是顺应中国经济从高速增长向高质量增长阶段转变时期的综合性改革,"营改增"作为供给侧改革一揽子计划中的重要财税改革内容,是近年来中央实施的力度最大的、具有结构性减税意义的税制改革,对推动结构性改革、促进经济高质量发展具有重大作用。在实体企业投资背离实体投资、经济"脱实向虚"的结构性矛盾日益凸显的现实中,"营改增"能否引导企业投资结构"脱虚回实",是实现供给侧调结构这一目标的重要内容。

"营改增"对企业的投资行为具有重要影响,主要原因在于这一改革改变了企业在不同类投资中的收益格局,通过实体投资进项税抵扣的方式,增加了企业进行实体投资的收益,相较而言,企业进行虚拟投资所承担的税负在"营改增"后没有大幅下降,甚至有所上升,导致税后收益下降。因此,"营改增"引起的实体投资收益与虚拟投资收益的变动,能够引导企业投资行为产生"脱虚回实"的调整。本书在实证层面检验了"营改增"税制改革对企业投资具有"脱虚回实"的优化作用。区别于以往文献单独以试点行业为研究对象,本书分别研究了直接试点的服务业企业在"营改增"后虚拟投资的变化、服务业企业的"营改增"对产业链下游制造业企业投资行为的外溢性影响以及"营改增"试点地区对周边地区的辐射影响,并在此基础上从多个视角对中间作用机制进行了深入探究。相比于既有文献的研究范式和研究内容，具有较深的拓展作用。本书的主要实证结论包括：

(1)"营改增"能有效促进服务业企业投资结构"脱虚回实"。本书以2009年到2015年的上市服务业企业为样本，以受"营改增"影响的企业为处理组，其他未受影响的服务业企业为控制组，实证检验了"营改增"对服务业企业投资结构的直接影响。结果显示，这类企业的投资结构对"营改增"的反应非常敏感，试点企业相对于非试点企业的金融类投资规模明显下降，表明税制结构对企业投资行为具有明显的调整效应。基础回归中可能出现的内生性和遗漏变量问题，本书分别进行了参数和非参数的安慰剂检验，结果均稳健地支持基础结果的成立。动态检验结果显示，政策改革效应具有两年的滞后性，表明企业的投资行为应对税制变化存在一定的调整摩擦成本。不同产权性质、不同融资约束、不同竞争程度、不同要素密集程度等多方面的异质性分析结果显示，非国有企业的金融类投资变化幅度相对国有企业更为敏感，表明财税政策引导比行政引导企业投资行为更有效率。高融资约束企业比低融资约束企业的政策效果更明显，主要原因在于改革红利对高融资约束企业而言，边际效用更大。同样，竞争程度越高的企业随着税制改革而进行投资结构调整的意愿更强，生存压力大导致这类企业对税收政策的反应更为敏感；由于"营改增"的主要减税对象是资本类要素投入，因此，相对于劳动密集型企业而言，高资本密集度企业面对"营改增"时，投资调整更为明显。

(2)本书检验了"营改增"引起企业投资结果"脱虚回实"的中间机制。现有解释企业投资金融化的理论工具主要为逐利动机和蓄水池动机，如果"营改增"能够引起企业投资结构"脱虚回实"，则说明"营改增"至少能对这些理论变量之一具有显著影响，且这些变量在统计意义上能够称为"营改增"影响企业投资金融化的中介变量。另外，除了税收制度本身，税收征管因素也是影响企业减税效应的重要变量，从征管单位和征管执法力度上看，"营改增"后增值税的征收率有所增加，这会降低"营改增"对企业投资结构"脱虚回实"的调整效应。本书构建了相对收益、内部经营风险、外部经济环境不确定性与税收执法四个中介指标,利用中介效应模型进行中间机制分析。结果显示,"营改增"能够显著改变金融投资收益和实体投资收益的相对平衡,金融投资收益的相对下降引起了企业投资结构出现"脱虚回实"的调整;"营改增"能够降低企业经营的不确定性,从而减少企业基于"蓄水池"动机下的金融投资。另外,"营改增"提高了地区的税收执法力度,而税收执法力度的提升会显著提高企业的金融投资水平,意味着伴随税制改革的征管率水平的变化,会在一定程度上对冲"营改增"对企业投资结构调整的政策效果。

(3)"营改增"引导企业投资行为具有明显的行业外溢性,处于产业链下游的制造企业,投资结构存在"脱虚回实"的动态调整。增值税的抵扣机制使得"营改增"具有改革服务业、利在工商业的特点,且制造业的受益要远大于试点服务业本身。本书以2009—2015年制造业企业为分析样本,以制造业的中间投入受"营改增"的影响程度为依据,区分处理组和控制组,实证检验了"营改增"对制造业投资结构的影响。结果显示,制造业中间品属于"营改增"行业的投入越多,投资结构"脱虚回实"的效应越显著,表明随着行业间的传递效应,"营改增"对整条产业链上企业的投资结构均有显著的优化作用。针对基础回归中可能出现的内生性问题,本书进行了相应的稳健性检验,实证结果均支持基本结论。在异质性分析中,本书分析了不同所有制企业、不同融资约束企业、不同竞争程度企业和不同要素投入结构企业间的差异,结果基本与服务企业的结论一致。

(4)"营改增"引导企业投资行为具有明显的地区外溢性。既有研究"营改增"的文献大多将处理组限定在试点地区,其中的重要依据在于上游的生产性服务业具有追随下游制造业企业的特征,因此在分析"营改增"对制造业企业的生产经营或承担的税费变化时,均以试点地区的制造业为处理组,其他非试点地区的制造业为对照组。然而,据此将受"营改增"影响的制造业限定在试点地区,存在假设过于严格的问题,"营改增"对制造业的影响会随着抵扣链条的打通传递到非试点地区的制造业,导致既有文献的实证结果存在不同程度的低估问题。进一步地,"营改增"

还具有促进跨区域分工合作的效应,意味着非试点地区的制造业随着"营改增"政策的到来,与"营改增"试点企业间的业务往来更加紧密,税制改革政策产生了较强的地区外溢性。本书基于上市公司中制造业企业的数据,研究了"营改增"对周边地区制造业企业投资行为的辐射影响,结果证实,"营改增"对制造业企业投资结构调整的影响,具有较强的地区外溢性。在地区分布上试点地区越近,"营改增"对制造业企业投资的"脱虚回实"的调整效应越明显,但这一效应会被地区层面的经济指标所吸收。进一步,本书基于地区间投入产出表,构建各地区的制造业企业的中间投入与试点地区"营改增"行业的关联程度,以关联度高的地区为处理组,关联度低的地区为控制组。双重差分的结果显示,制造业的中间服务中来自试点地区的"营改增"行业占比越高,企业的金融投资水平越低。其中的机制在于,"营改增"在一定程度上打破了服务业与制造业在地区层面的限制性,促进了生产性服务业跨地区经营,导致"营改增"对企业投资行为的调整,随着跨地区分工和抵扣链条,产生较强的地区外部性。本章内容在实证设计和估计方法上,为既有研究"营改增"政策效果的文献,做出了有效边际补充。

第二节 政策启示

本书在研究视角上对"营改增"政策效果评估做了较为有意义的拓展工作,为深入理解中国的税制改革如何引导企业投资行为提供了翔实的微观证据。本书研究结论是鲜明且有意义的。税制改革对企业的投资行为具有积极显著的影响,未来在经济结构失衡矛盾突出的宏观背景下,政府应继续深化财税体制改革,积极引导企业投资结构转型升级,增强企业进行实体投资,尤其是技术密集型高质量实体投资的意愿。此外,不同企业出现的差异化反应表明,应对打破既有利益平衡关系的税制改革对企业投资行为的影响方向和影响程度各不相同,需要根据具体税制改革的细节,结合企业的相关特征,有针对性地进行引导和调整。既要更为积极地引导融资约束紧、竞争程度高、资本密集型企业的投资结构优化,又要统筹融资约束较为松弛、竞争程度较低,以及劳动密集型企业的投资行为,实现国民经济健康、高质量的发展。

"营改增"可以通过改变相对收益和经营风险双重渠道影响企业投资结构"脱虚回实"的优化调整,一方面说明企业金融投资同时包含逐利动机和蓄水池动机两类动因,另一方面说明重在调结构的"营改增"政策具有显著改变经营指标收益率和经营风险,进而影响企业投资决策的作用。基于经济结构"脱实向虚"日益加重的现实,未来税制改革应着重发挥"营改增"的调结构效应,在制度设计中,如税率的设定和税基范围的划分上,应将降低实体投资税收成本、适度提高金融投资税收成本的政策目标纳入进来。"营改增"税制改革本身对企业投资结构的优化具有正向影响,但伴随而来的税收征管水平的改变,却削弱了这一政策效果。这一结果意味着,未来"营改增"深入改革的方向既要考虑到改革本身的政策效果,还应有一系列配套税收征管方面的改革规定,与税制改革的政策激励意图相容。

服务业与制造业间的产业关联和增值税抵扣链条的打通,使"营改增"的政策效果随着企业间的贸易往来传递到了产业链下游的制造业。制造业的实体投资中购进涉及"营改增"行业的服务具有减税效应,意味着实体投资的税收收益相对于金融投资企业显著上升,且制造业的减税效应明显高于服务业,因此,"营改增"对企业投资结构的调整具有明显的行业外溢性,"营改增"能够引起整条产业链上企业投资结构的优化。这一结论意味着,从优化产业链投资结构的政策目标来说,未来"营改增"的改革实践中,应注重保护产业间抵扣链条的完整,取消不必要的税收优惠,因税收优惠使得下游企业购进的产品或服务无法取得增值税进项发票,破坏了抵扣链条的完整。另外,从研究设计上来看,既有研究"营改增"对制造业政策影响的文献,基本将制造业和试点的服务业企业同时设定为处理组,这种方法下暗含的假设是,"营改增"对服务业和制造业的影响机制和影响程度是没有差异的,但其实不然。"营改增"影响服务业是通过改变服务业增值税纳税人的身份,使得其购进的产品和应税服务都可以进行抵扣,从而产生减税效应,而"营改增"对制造业的影响主要是随着抵扣链条,受购进的"应税服务"的影响。本书通过构建制造业中间投入中与"营改增"行业的关联度,检验了"营改增"对制造业企业投资结构的行业外溢性,在实证设计上具有一定的创新性,可以作为后续研究"营改增"对制造业企业影响的借鉴。

除了行业间的溢出性外,"营改增"对制造业企业投资结构的影响还随着跨区域的分工与协作,产生较强的地区外溢性。随着抵扣链条的打通和征管单位的改变,"营改增"促进了服务业企业跨区域的服务。本书基于地区间投入产出表的分析表明,非试点地区通过购进试点地区的应税服务,实体投资产生了较强的减税效应,投资结构出现显著的"脱虚回实"的调整。本书结论意味着,未来推进"营改增"税制改革与配套整改措施中,要全面取消地方政府过度的干预,促进产品和生产要素的流动,各地政府也不能通过设置门槛或直接下行政命令的方式限制企业间的跨区域经营,以促进区域间的产业融合。今后的经济和财税改革中,要配套相应的制度改革,防止地方政府的短视行为。另外,本书的研究结论意味着,既有文献中简单将非试点地区制造业作为对照组的实证设计,将导致估计结果出现不同程度的高估或低估,研究"营改增"政策效果,应充分考虑其产生的地区外溢性。

第三节 研究局限与展望

本书的主要内容是探索税制改革对企业投资行为的影响,以近年来中国进行的最大的一次税制改革——"营改增"为自然实验,采用双重差分或三重差分模型,研究了企业的金融投资对"营改增"税制改革的反应。本书虽然从政策的直接效应、行业的外部效应、地区的溢出效应等多个角度对这一问题进行了分析,但客观来讲,在研究方法和研究内容上还存在以下不足之处,同时也是未来笔者进一步研究中需要改进的地方,具体如

下:

首先,在理论上,本书主要以机理分析为主,限于笔者的学术水平,通过理论模型构建来进行理论分析的部分还很薄弱。现有一些关于"营改增"的文献中,通过理论建模的方式来解析企业层面问题的研究也相对匮乏,尤其是在企业投资行为中。未来进一步的研究中,笔者将参考其他学科或研究其他税制改革对企业投资行为影响的理论文献,来对"营改增"对企业投资结构的影响进行理论解析,通过构建一个统一的理论分析框架,将"营改增"对直接改革企业投资"脱虚回实"的影响、对制造业的行业外溢性以及地区层面的外溢性影响以及产生的政策效应,进行一般均衡意义上的理论分析。不同维度变量间可能存在较为复杂的内在勾连关系,在本书的理论分析中还没有涉及,导致文章的研究结论不全面,从而提出的政策建议等也有偏颇。因此,通过数理模型在一般均衡框架内对研究主体进行更为严谨的分析,将是笔者未来进一步拓展的方向。

其次,在研究方法上,本书大部分的实证方法是双重差分模型和三重差分模型,这一计量方法是目前的政策研究中,可以在最大程度上避免内生性的方法。但这一方法的应用也需要一定的限定条件,如平行趋势假设等,文章的动态分析对这一问题进行了较多的验证,基本可以保障结论的稳健性。但是,双重差分模型也无法避免所有的内生性问题,如遗漏变量导致的内生性。解决遗漏变量的一个行之有效的方法是反事实估计,分析如果所研究的政策事件没有发生,那么相关主体的行为会怎样?但是,生活在三维时空里,本书无法穿越到政策发生的时间点之前,并扭转乾坤令政策没有发生,来观测研究主体会怎样运行,导致本书可能忽略了重要的、未观测到的变量。本书对这方面虽做了一定的安慰剂检验,但无法完全解决遗漏变量的问题。虽然无法穿越时空以观测反事实的情况,但只要保障处理组与控制组的设定是完全随机的,就可以满足误差项的独立条件假设,使得遗漏变量的问题对结果几乎不产生影响。但是,具体到实际问题上,"营改增"政策的选择不可能是完全随机的,例如首先在上海试点就是考虑到上海的国税、地税没有分立,且服务业规模庞大、门类相对齐全,对产业链的辐射作用明显。接下来开展的试点地区也基本是经济较为发达、产业结构中服务业和制造业分布较为合理的地区。因此,对于本书实验组和控制组的分类,本身就存在有偏性,这也是大多数此类政策评估的实证文献中存在的共性问题。解决这一问题,如本书中所引用的基于参数和非参数的安慰剂检验,也只能在一定程度内规避这一问题对实证结果的重大干扰。现有可行的一些方法中,如进行田野实验,基本可以保证处理组与控制组的随机分配,但其适用范围较窄,以及实验本身的成本耗费巨大等问题,使得这一方法很少应用。结构方程的方法是近年来应用较多的估计反事实的研究方法,通过赋予变量不同的参数,来模拟反事实的情况。目前笔者已经积累了一些应用这一方法的文献,未来在进一步的研究中,将通过引入这一研究方法,综合评估"营改增"税制改革对企业投资行为的影响,为现有文献做理论和实证层面的进一步拓展。

再次,在研究内容上,本书虽然分别研究了"营改增"对服务业企业和制造业企业的影响及其传导机制,但是,本书至少在两个方面可以对现有的研究内容做进一步拓展。第一,本书分析"营改增"对实体投资和金融投资税收收益产生影响的基础是税基的改变,随着"营改增"的全面推进,除了税收优惠的变动,基于税基层面的影响将不会有太大变动,主要的改革内容在税率上。因此,未来研究"营改增"结构性减税的视角,可以重点放在税率的变化上。第二,在机制分析中增加价格机制对政策效果的分析。"营改增"对企业投资行为的影响,除了抵扣链条的打通外,还可能通过影响要素价格来影响企业的投资行为。营业税属于价内税,而增值税属于价外税,在会计上不计入成本,不同的计算税外价格的方法,能够引起要素投入价格的显著差异。在现实中要素的价格还取决于买卖双方的谈判力度,可能导致在增值税的计税方法下,上游企业提高中间品价格,致使改革后的不含税价格与之前的含税价格相差无几,要素价格的上升可能引起企业税后利润的变化,从而倒逼企业投资决策的调整。因此,价格机制是使得"营改增"产生各类政策效果的重要机制。未来,笔者将尝试利用一些包含产品价格的调查数据,研究"营改增"对企业投资行为的调整中,价格机制是否具有重要影响,以及如何影响或驱动政策效果。

最后,在研究范式上,由于任何一项政策都具有收益和成本两个方面,本书就"营改增"对企业金融投资行为的评估,仅考虑了此次税改政策的红利,没有考虑政策产生的成本。从成本来看,"营改增"的减税效应给各地的财政收入造成了较大压力,而财政压力的增加可能降低政府给予企业税收优惠的积极性,或者通过提高税收执法管理,提高征收率,甚至提高对企业的行政性收费等,来保障本地的财税收入,这将导致企业真实承担的税负相对于理论而言大幅增加。重要的是,这些"营改增"政策产生的成本可能对企业的投资行为产生负面影响,导致企业基于逐利和蓄水池的动机增加金融类投资,加剧企业投资"脱实向虚"的扭曲效应。因而全面评估"营改增"对企业投资行为的影响,不单要看到政策红利产生的直接效应,还应该从政策成本产生的负面效应,对这一问题综合考虑。在未来的研究方向中,可以从"营改增"对政府行为的影响,如何影响企业投资行为的角度,对研究内容做进一步推进。

参考文献

[1]步晓宁,赵丽华,刘磊.产业政策与企业资产金融化[J].财经研究,2020(11):78—92.

[2]曹东坡,黄志军.结构性减税是否有助于扭转国内企业投资的结构性偏向[J].税务与经济,2019(03):95—102.

[3]曹广堂.浅析增值税改革对企业的影响[J].广东审计,1999(05):13—16.

[4]曹平,王桂军."营改增"提高企业价值了吗？——来自中国上市公司的证据[J].财经论丛,2019(03):20—30.

[5]曹瑞丹.产业政策、市场竞争与投资效率[D].河南大学硕士论文,2020.

[6]曹越,易冰心,胡新玉,张卓然."营改增"是否降低了所得税税负——来自中国上市公司的证据[J].审计与经济研究,2017,32(01):90—103.

[7]陈斌开,金箫,欧阳涤非.住房价格、资源错配与中国工业企业生产率[J].世界经济,2015(04):77—98.

[8]陈宪,曹莹."营改增"与服务经济[J].浦东开发,2012(04):54—57.

[9]陈钊,王旸."营改增"是否促进了分工:来自中国上市公司的证据[J].管理世界,2016(03):36—45+59.

[10]陈昭,刘映曼."营改增"政策对制造业上市公司经营行为和绩效的影响[J].经济评论,2019(05):22—35.

[11]陈志斌,王诗雨.产品市场竞争对企业现金流风险影响研究：基于行业竞争程度和企业竞争地位的双重考量[J].中国工业经济,2015(3):96—108.

[12]成思危.虚拟经济不可膨胀[J].资本市场,2015(01):8.

[13]成思危.虚拟经济的基本理论及研究方法[J].管理评论,2009,21(01):3—18.

[14]程凯,杨逢珉.经济"脱实向虚"抑制了企业出口产品质量吗？[J].商业研

究,2020(07):15—25.

[15]杜厚文,伞锋. 虚拟经济与实体经济关系中的几个问题[J]. 世界经济,2003(07):74—79.

[16]杜勇,张欢,陈建英. 金融化对实体企业未来主业发展的影响:促进还是抑制[J]. 中国工业经济,2017(12):113—131.

[17]范子英,彭飞. "营改增"的减税效应和分工效应:基于产业互联的视角[J]. 经济研究,2017,52(2):82—92.

[18]范子英,田彬彬. 税收竞争、税收执法与企业避税[J]. 经济研究,2013,48(09):99—111.

[19]方明月,靳其润,聂辉华. 中国企业为什么脱实向虚?——理论假说和经验检验[J]. 学习与探索,2020(08):131—138+2.

[20]封北麟. 降低企业融资成本的调查分析与政策建议[J]. 经济研究参考,2017(64):17—23.

[21]高培勇,毛捷. 间接税税收优惠的规模、结构和效益:来自全国税收调查的经验证据[J]. 中国工业经济,2013(12):143—155.

[22]高培勇. 以财税体制改革为突破口和主线索推动改革的全面深化[J]. 财贸经济,2012(12):7—8.

[23]郭胤含,朱叶. 有意之为还是无奈之举——经济政策不确定性下的企业"脱实向虚"[J]. 经济管理,2020,42(07):40—55.

[24]郝晓薇,段义德. 基于宏观视角的"营改增"效应分析[J]. 税务研究,2014(05):3—7.

[25]何其春,邹恒甫. 信用膨胀、虚拟经济、资源配置与经济增长[J]. 经济研究,2015,50(04):36—49.

[26]胡海生,刘红美,王聪. 贷款服务纳入增值税抵扣机制的效应预测——基于可计算一般均衡模型的分析[J]. 税务研究,2021(03):127—133.

[27]胡怡建,刘金东. 存量资产、虚拟经济与税收超GDP增长之谜[J]. 财贸经济,2013(05):5—15.

[28]胡怡建,田志伟. 营改增宏观经济效应的实证研究[J]. 税务研究,2016(11):7—12.

[29]胡怡建,田志伟. 中国"营改增"的财政经济效应[J]. 税务研究,2014(01):

38—43.

[30]胡奕明,王雪婷,张瑾. 金融资产配置动机:"蓄水池"或"替代"?——来自中国上市公司的证据[J]. 经济研究,2017,52(01):181-194.

[31]胡之逊,盛明泉. 金融业全要素生产率——基于 DEA-Malmquist 指数的实证检验[J]. 财会通讯,2019(32):36-38.

[32]胡春. 中国增值税扩围改革效应研究[M]. 成都:西南财经大学出版社,2017.

[33]黄群慧. 论新时期中国实体经济的发展[J]. 中国工业经济,2017(09):5-24.

[34]黄贤环,王瑶. 实体企业资金"脱实向虚"与全要素生产率提升:"抑制"还是"促进"[J]. 山西财经大学学报,2019,41(10):55-69.

[35]黄贤环,吴秋生,王瑶. 实体企业资金"脱实向虚":风险、动因及治理[J]. 财经科学,2018(11):83-94.

[36]贾俊雪. 税收激励、企业有效平均税率与企业进入[J]. 经济研究,2014,49(07):94-109.

[37]姜明耀. 增值税"扩围"改革对行业税负的影响——基于投入产出表的分析[J]. 中央财经大学学报,2011(02):11-16.

[38]蒋世战. 金融资产配置与企业竞争力[D]. 2020-07-07.

[39]黎文靖,李茫茫. "实业+金融":融资约束、政策迎合还是市场竞争?基于不同产权性质视角的经验研究[J]. 金融研究,2017(08):100-116.

[40]李成,张玉霞. 中国"营改增"改革的政策效应:基于双重差分模型的检验[J]. 财政研究,2015(02):44-49.

[41]李连成. 围绕中心发挥内部审计职能作用为供销合作社综合改革和经济发展服务[J]. 商业会计,2014(24):6-9.

[42]李林木,汪冲. 税费负担、创新能力与企业升级——来自"新三板"挂牌公司的经验证据[J]. 经济研究,2017(11):121-136.

[43]李佩珈,梁婧. 资金"脱实向虚"的微观路径及影响研究[J]. 国际金融,2017(03):29-36.

[44]李启平. "营改增"对高新技术企业创新行为和财务绩效的影响[J]. 中南财经政法大学学报,2019(01):126-134.

[45]李秋梅,梁权熙. 企业"脱实向虚"如何传染?——基于同群效应的视角[J]. 财经研究,2020,46(08):140-155.

[46]李思龙. 企业"脱实向虚"的动机及系统性金融风险影响——来自上市公司金融业股权投资的证据[J]. 广东财经大学学报,2017,32(04):45-57.

[47]李扬. "金融服务实体经济"辨[J]. 经济研究,2017(6):4-15.

[48]李莹亮,廖婷婷. 中财沃顿罗蔚:创新"金融+实业"投融资模式,撬动中国的"大消费"市场[J]. 科技与金融,2018(04):31-34.

[49]李永友,严岑. 服务业"营改增"能带动制造业升级吗?[J]. 经济研究,2018,53(04):18-31.

[50]梁强,贾康. 1994年税制改革回顾与思考:从产业政策、结构优化调整角度看"营改增"的必要性[J]. 财政研究,2013(09):37-48.

[51]刘贯春,段玉柱,刘媛媛. 经济政策不确定性、资产可逆性与固定资产投资[J]. 经济研究,2019,54(08):53-70.

[52]刘贯春,张军,刘媛媛. 金融资产配置、宏观经济环境与企业杠杆率[J]. 世界经济,2018,41(01):148-173.

[53]刘贯春. 金融资产配置与企业研发创新:"挤出"还是"挤入"[J]. 统计研究,2017,34(07):49-61.

[54]刘行,叶康涛,陆正飞. 加速折旧政策与企业投资——基于"准自然实验"的经验证据[J]. 经济学(季刊),2019,18(01):213-234.

[55]刘行,叶康涛. 企业的避税活动会影响投资效率吗?[J]. 会计研究,2013(06):47-53+96.

[56]刘建民,唐红李,吴金光. 营改增全面实施对企业盈利能力、投资与专业化分工的影响效应——基于湖南省上市公司PSM-DID模型的分析[J]. 财政研究,2017(12):75-88.

[57]刘洁,陈宝峰,吴莉昀. "脱实向虚"与"脱虚向实":基于动态宏观经济效应的分析[J]. 商业研究,2019(04):31-42.

[58]刘金东,管星华. 不动产抵扣是否影响了"脱实向虚"——一个投资结构的视角[J]. 财经研究,2019(11):112-125.

[59]刘金全. 虚拟经济与实体经济之间关联性的计量检验[J]. 中国社会科学,2004(04):80-90+207.

[60]刘景卿,李璐.实体金融化对金融稳定的影响研究[J].经济学家,2021(03):82-90.

[61]刘骏民,王千.从虚拟经济的角度重构国际经济理论——当代国际经济关系的新发展对中国的启示[J].中国工业经济,2005(11):18-25.

[62]刘骏民,伍超明.虚拟经济与实体经济关系模型——对中国当前股市与实体经济关系的一种解释[J].经济研究,2004(04):60-69.

[63]刘啟仁,赵灿,黄建忠.税收优惠、供给侧改革与企业投资[J].管理世界,2019,35(01):78-96+114.

[64]刘瑞明.金融压抑、所有制歧视与增长拖累——国有企业效率损失再考察[J].经济学(季刊),2011,10(02):603-618.

[65]刘帷韬,杨霞,刘伟.产业政策抑制了实体公司金融化吗——来自中国A股上市公司的证据[J].广东财经大学学报,2021,36(01):37-49.

[66]刘伟,曹瑜强.机构投资者驱动实体经济"脱实向虚"了吗[J].财贸经济,2018,39(12):80-94.

[67]刘霞辉.论实体经济与虚拟经济的关系[J].世界经济,2004(01):37-43.

[68]刘晓欣,张艺鹏.中国经济"脱实向虚"倾向的理论与实证研究——基于虚拟经济与实体经济产业关联的视角[J].上海经济研究,2019(02):33-45.

[69]刘兴赛.虚拟经济的研究范式——兼论虚拟经济与次贷危机[J].经济学动态,2011(10):26-32.

[70]刘燕明.增值税历史沿革及中国与欧盟比较——兼论中国与欧盟增值税差异[J].经济研究,2017(05):65-73.

[71]刘志彪.现代服务业的发展:决定因素与政策[J].江苏社会科学,2005(06):207-212.

[72]楼继伟.40年重大财税改革的回顾[J].财政研究,2019(02):3-29.

[73]鲁品越,徐先金.虚拟经济本质与当代金融危机[J].江西社会科学,2009(05):83-89.

[74]罗来军,蒋承,王亚章.融资歧视、市场扭曲与利润迷失——兼议虚拟经济对实体经济的影响[J].经济研究,2016,51(04):74-88.

[75]罗能生,罗富政.改革开放以来中国实体经济演变趋势及其影响因素研究[J].中国软科学,2012(11):19-28.

[76]吕冰洋,马光荣,毛捷.分税与税率:从政府到企业[J].经济研究,2016,51(07):13—28.

[77]马光荣,李力行.政府规模、地方治理与企业逃税[J].世界经济,2012,35(06):93—114.

[78]马红,王元月,刘丹丹.虚拟经济发展、虚拟经济与实体经济的协调发展对企业投资行为的影响研究[J].中国管理科学,2016,24(S1):431—438.

[79]马理,范伟.央行释放的流动性去了哪?——基于微观层面数据的实证检验[J].当代经济科学,2019,41(03):39—48.

[80]毛德,赵静,黄春元.增值税全面转型对投资和就业的影响——来自2008—2009年全国税收调查的经验证据[J].财贸经济,2014(06):14—24.

[81]毛德凤,彭飞,刘华.税收激励对企业投资增长与投资结构偏向的影响[J].经济学动态,2016(07):75—87.

[82]毛海涛,钱学锋,张洁.中国离贸易强国有多远:基于标准化贸易利益视角[J].世界经济,2019,42(12):3—26.

[83]孟宪春,张屹山,李天宇.中国经济"脱实向虚"背景下最优货币政策规则研究[J].世界经济,2019,42(05):27—48.

[84]聂辉华,方明月,李涛.增值税转型对企业行为和绩效的影响——以东北地区为例[J].管理世界,2009(05):17—24+35.

[85]潘文轩.增值税扩围改革有助于减轻服务业税负吗?——基于投入产出表的分析[J].上海经济研究,2012,24(04):115—120.

[86]潘文轩."营改增"试点中部分企业税负"不减反增"现象释疑[J].广东商学院学报,2013,28(01):43—49.

[87]彭飞.税制改革、分工与城市发展:"营改增"为例[D].华中科技大学博士论文,2017.

[88]彭佳颖,郑玉航.实体企业金融化行为的逆周期效应及"脱实向虚"风险研究[J].财经理论与实践,2021,42(02):27—35.

[89]彭韶兵,王伟.上市公司"出身"与税收规避[J].宏观经济研究,2011(01):41—49.

[90]彭俞超,方意.结构性货币政策、产业结构升级与经济稳定[J].经济研究,2016,51(07):29—42+86.

[91]彭俞超,黄志刚. 经济"脱实向虚"的成因与治理:理解十九大金融体制改革[J]. 世界经济,2018,41(09):3—25.

[92]彭俞超,刘代民,顾雷雷. 减税能缓解经济"脱实向虚"吗?——来自上市公司的证据[J]. 税务研究,2017(08):93—97.

[93]彭俞超,倪骁然,沈吉. 企业"脱实向虚"与金融市场稳定——基于股价崩盘风险的视角[J]. 经济研究,2018,53(10):50—66.

[94]戚聿东,张任之. 金融资产配置对企业价值影响的实证研究[J]. 财贸经济,2018(05):38—52.

[95]钱国军,吴玉,周磊. 转型周期下经济脱实向虚的宏观机制研究[J]. 广义虚拟经济研究,2020,11(02):75—92.

[96]钱晓东. "营改增"、税负转嫁能力与企业投资价值相关性[J]. 当代财经,2018(06):113—123.

[97]强国令,王梦月. "营改增"与企业金融化——来自制造业的经验证据[J]. 金融论坛,2021(02):59—69.

[98]乔俊峰,张春雷. "营改增"、税收征管行为和企业流转税税负——来自中国上市公司的证据[J]. 财政研究,2019(07):77—89.

[99]冉芳. 金融"脱实向虚"、金融结构与全要素生产率[J]. 现代经济探讨,2019(11):61—69.

[100]冉渝,王秋月. 信贷供给、融资结构及企业升级[J]. 会计之友,2021(06):65—72.

[101]佘镜怀,佘源,付东普. 营改增对高新技术企业研发投入的影响研究[J]. 税务研究,2019(03):91—95.

[102]申广军,陈斌开,杨汝岱. 减税能否提振中国经济?——基于中国增值税改革的实证研究[J]. 经济研究,2016,51(11):70—82.

[103]申广军,张延,王荣. 结构性减税与企业去杠杆[J]. 金融研究,2018(12):105—122.

[104]师博,张瀚禹. "营改增"的创新效应:基于模糊断点回归的经验证据[J]. 财经科学,2018(11):51—60.

[105]舒展,程建华. 中国实体经济"脱实向虚"现象解析及应对策略[J]. 贵州社会科学,2017(08):103—109.

[106]宋军,陆旸.非货币金融资产和经营收益率的 U 形关系——来自中国上市非金融公司的金融化证据[J].金融研究,2015(06):111-127.

[107]苏治,方彤,尹力博.中国虚拟经济与实体经济的关联性——基于规模和周期视角的实证研究[J].中国社会科学,2017(8):87-109.

[108]孙昕.中国制造业发展对吸收服务业外商直接投资的影响研究[D].南京农业大学硕士论文,2008。

[109]田祥宇,刘峥旭,杜洋洋,赵利民.政府补助会抑制还是促进企业"脱实向虚"[J].会计之友,2020(23):73-79.

[110]田志伟,胡怡建."营改增"对各行业税负影响的动态分析——基于 CGE 模型的分析[J].财经论丛,2013(04):29-34.

[111]涂晓玲,邹梓叶.企业金融化、减税刺激与提振实体经济[J].江西社会科学,2019,39(06):51-62

[112]王爱俭,陈杰.中国虚拟经济规模适度性研究——基于资本市场效率视角的分析[J].财贸经济,2006(08):16-20+96.

[113]王广宏.正确把握虚拟经济与实体经济的关系[J].合作经济与科技,2016(22):40-41.

[114]王国刚.金融脱实向虚的内在机理和供给侧结构性改革的深化[J].中国工业经济,2018(07):5-23.

[115]王红建,曹瑜强,杨庆,杨筝.实体企业金融化促进还是抑制了企业创新——基于中国制造业上市公司的经验研究[J].南开管理评论,2017,20(01):155-166.

[116]王红建,李茫茫,汤泰劼.实体企业跨行业套利的驱动因素及其对创新的影响[J].中国工业经济,2016(11):73-89.

[117]王红建,李青原,邢斐.经济政策不确定性、现金持有水平及其市场价值[J].金融研究,2014(09):53-68.

[118]王千.房地产的虚拟性与宏观经济稳定[J].中国工业经济,2006(12):13-20.

[119]王文贵.营业税改增值税试点跟踪研究[D].东北财经大学硕士论文,2012.

[120]王晓昕.系统性金融风险相关问题与防范化解对策[J].实践(思想理论版),2018(11):49.

[121]王谢勇.论虚拟经济的研究及其发展对策[J].大连大学学报,2003(05):90—92.

[122]王永钦,高鑫,袁志刚,杜巨澜.金融发展、资产泡沫与实体经济:一个文献综述[J].金融研究,2016(05):191—206.

[123]文春晖,任国良.虚拟经济与实体经济分离发展研究——来自中国上市公司2006—2013年的证据[J].中国工业经济,2015(12):115—129.

[124]吴辉航,刘小兵,季永宝.减税能否提高企业生产效率?——基于西部大开发准自然实验的研究[J].财经研究,2017(04):55—67.

[125]吴联生.国有股权、税收优惠与公司税负[J].经济研究,2009(10):109—120.

[126]伍超明.货币流通速度的再认识——对中国1993—2003年虚拟经济与实体经济关系的分析[J].经济研究,2004(09):36—47.

[127]向松祚.迎接金融新时代[J].大众理财顾问,2015(01):22—23.

[128]谢家智,王文涛,江源.制造业金融化、政府控制与技术创新[J].经济学动态,2014(11):78—88.

[129]徐策.关注金融业与实体经济利润反差问题[J].宏观经济管理,2012(07):24—25.

[130]徐超,庞保庆,张充.降低实体税负能否遏制制造业企业"脱实向虚"[J].统计研究,2019,36(06):42—53.

[131]徐亚平,朱力,李甜甜.市场预期、资产荒与脱实向虚风险防范[J].上海经济研究,2018(04):32—40.

[132]许罡,朱卫东.金融化方式、市场竞争与研发投资挤占——来自非金融上市公司的经验证据[J].科学学研究,2017(05):709—719+728.

[133]许圣道,王千.虚拟经济全球化与国家经济安全研究[J].中国工业经济,2009(01):65—74.

[134]许宪春,贾海,李皎,李俊波.房地产经济对中国国民经济增长的作用研究[J].中国社会科学,2015(01):84—101+204.

[135]闫海洲,陈百助.产业上市公司的金融资产:市场效应与持有动机[J].经济研究,2018,53(07):152—166.

[136]杨灿明.减税降费:成效、问题与路径选择[J].财贸经济,2017,38(09):

5—17.

[137]杨筝,王红建,戴静,许传华. 放松利率管制、利润率均等化与实体企业"脱实向虚"[J]. 金融研究,2019(06):20—38.

[138]姚宇韬,王跃堂. "营改增"对企业资本结构的影响——基于非债务税盾的视角[J]. 南京师大学报(社会科学版),2019(01):130—143.

[139]叶祥松,晏宗新. 当代虚拟经济与实体经济的互动——基于国际产业转移的视角[J]. 中国社会科学,2012(09):63—81+207.

[140]叶永卫,李增福. 国企"混改"与企业金融资产配置[J]. 金融研究,2021(03):114—131.

[141]于文超,殷华,梁平汉. 税收征管、财政压力与企业融资约束[J]. 中国工业经济,2018(01):100—118.

[142]俞毛毛,马妍妍. 融资融券导致企业金融化行为了么?——脱实向虚视角下双重差分模型分析[J]. 现代财经(天津财经大学学报),2020,40(03):67—83.

[143]俞俏萍. 经济均衡发展视野的"脱实向虚"治理[J]. 改革,2017(04):70—79.

[144]袁从帅,刘晔,王治华,刘睿智. "营改增"对企业投资、研发及劳动雇佣的影响——基于中国上市公司双重差分模型的分析[J]. 中国经济问题,2015(04):3—13.

[145]袁始烨,楼羿. "营改增"、区域知识产权保护与企业研发投入[J]. 现代经济探讨,2018(02):18—26.

[146]岳希明,李实,史泰丽. 垄断行业高收入问题探讨[J]. 中国社会科学,2010(3):77—93,221—222.

[147]张成思,张步昙. 再论金融与实体经济:经济金融化视角[J]. 经济学动态,2015(06):56—66.

[148]张成思,张步昙. 中国实业投资率下降之谜:经济金融化视角[J]. 经济研究,2016,51(12):32—46.

[149]张春鹏,徐璋勇. 市场竞争助推中国经济"脱实向虚"了吗[J]. 财贸研究,2019,30(04):1—13+83.

[150]张厚明. 中国制造业"脱实向虚"的成因与对策[J]. 银行家,2018(03):46—48.

[151]张杰,刘志彪. 产业链定位、分工与集聚如何影响企业创新——基于江苏省制造业企业问卷调查的实证研究[J]. 中国工业经济,2007(07):47-55.

[152]张杰,杨连星. 中国金融压制体制的形成、困境与改革逻辑[J]. 人文杂志,2015(12):43-50.

[153]张丽. 虚拟经济研究:理论与现实[J]. 特区经济,2011(04):289-291.

[154]张璇,张计宝,闫续文,李春涛. "营改增"与企业创新——基于企业税负的视角[J]. 财政研究,2019(03):63-78.

[155]张瀛. 非金融业上市企业持有金融资产规模影响因素探索[D]. 上海交通大学硕士学位论文,2012.

[156]张昭,朱峻萱,李安渝. 企业金融化是否降低了投资效率[J]. 金额经济学研究,2018(01):104-116.

[157]周建军,任娟娟,鞠芳. 房产税能否抑制实体经济"脱实向虚"——来自上海和重庆的经验分析[J]. 财经科学,2021(02):84-94.

[158]周密. "营改增"是否促进了研发投入?——基于中国上市企业的实证研究[J]. 河北经贸大学学报,2018,39(05):18-25.

[159]周维富. 中国实体经济发展的结构性困境及转型升级对策[J]. 经济纵横,2018(03):52-57.

[160]邹洋,吴楚石,刘浩文,束燕燕. 营改增、企业研发投入与企业创新产出——基于科技服务业上市公司的实证研究[J]. 税务研究,2019(07):83-88.

[161]Aivazian, V. A., Ge, and J. Qiu. 2005. The impact of leverage on firm investment: Canadian evidence[J]. *Journal of Corporate Finance*, 11(1/2): 277-291.

[162]Acharya, V. V., M. Richardson, S. van Nieuwerburgh, and L. J. White, 2011, "*Guaranteed to Fail: Fannie Mae, Freddie Mac and the Debacle of Mortgage Finance*", Princeton University Press.

[163]Akkemik, K. Ali, and ükrü zen, 2013, "Macroeconomic and Institutional Determinants of Financialization of Non-financial Firms: Case Study of Turkey", *Socio-Economic Review*, 2013, 1-28.

[164]Alan J. Auerbach, Roger H. Gordon. 2002, "Taxation of Financial Services under a VAT", *The American Economic Review*, 92(2):411-416.

[165]Almeida,H. ,M. Campello,and M. Weisbach,2004,"The Cash Flow Sensitivity of Cash ",*Journal of Finance*,59(4),1777—1804.

[166]Bakir,E. and A. Campbell,2010,"Neoliberalism the Rate of Profit and the Tate of Accumulation" ,*Science & Society*,74(3):323—342.

[167]Biddle,G. C. ,Chen,P. and Zhang,G. ,2001,"When Capital Follows Profitability: Non-Linear Residual Income Dynamics",*Review of Accounting Studies*,6(2):229—265.

[168]Bloom,N. ,2009,"The Impact of Uncertainty Shocks",*Econometrica*,77(3):623—685.

[169]Bodnar,G. M. ,G. S. Hayt,and R. C. Marton. ,1998,"1998 Wharton Survey of Financial Risk by US No-financial Firms",*Financial Management*,27(4):70—91.

[170]Brancof ,Villas J. M. 2015. Competitive vices [J]. *Journal of Marketing Research*,52(6):801—816.

[171]Chirinko,R. S. ,S. M. Fazzari,and A. P. Meyer,1999,"How Responsive is Business Capital Formation to its User Cost? An Exploration with Micro Data",*Journal of Public Economics*,74(1):53—80.

[172]Cummins,J. G. ,K. A. Hassett and R. G. Hubbard ,1996,"Tax Reforms and Investment: A Cross-country Comparison",*Journal of Public Economics*,62,237—273.

[173]Demir,F. ,2009,"Financial Liberalization,Private Investment and Portfolio Choice: Financialization of Real Sectors in Emerging Markets",*Journal of Development Economics*,88(2):314—324.

[174]Desai,M. A. and Goolsbee,A. D. ,2004,"Investment,Overhang,and Tax Policy",*Brooking Papers On Economic Activity*,2(2):285—355.

[175]Deutschmann,C. ,2011,"Limits to financialization",*European Journal of sociology*,52(3):347—389

[176]Edgerton,J. ,2010,"Investment Incentives and Corporate Tax Asymmetries",*Journal of Public Economics*,94(11):936—952.

[177]Foster,J. and F. Magdoff,2009,"*The Great Financial Crisis: Causes and*

Consequences", Monthly Reiew Press.

[178]Guellec, D., Van Pottelsberghe de la Potterie, B., 2003, "The impact of public R&D expenditure on business R&D", *Economics of Innovation and New Technology*, 12, 225—243.

[179]Hall, B. H, 2002, "The Financing of Research and Development", *Oxford Review of Economic Policy*, 18(1): 35—51.

[180]Hsu, P. H., Tian, X. and Xu, Y., 2014, "Financial Development and Innovation: Cross-Country Evidence", *Journal of Financial Economics*, 112(1): 116—135.

[181]James Crotty, 2003, "The Neoliberal Paradox: The Impact of Destructive Product Market Competition and Impatient Finance on Nonfinancial Corporations in the Neoliberal Era", Political Economy Research Institute, University of Massachusetts Amherst, working paper.

[182]Jiang, Yangfeng, 2014, "Study on the Relationship between Tax Structure and R&D Investment in China", International Conference on Logistics Engineering, Management and Computer Science, 1000—1004.

[183]Mackie-Mason, J. K., 1990, "Do Taxes Affect Corporate Financing Decisions?", *Journal of Finance*, 45(5): 1471—1493.

[184]Nick, Bloom and Rachel, Griffith, 2002, "Do R&D Tax Credits Work? Evidence From a Panel of Countries" 1979—1997. Journal of Public Economics.

[185] Orhangazi, Z., 2008, "Financialization and Capital Accumulation in the Non-financial Corporate Sector: A Theoretical and Empirical Investigation on the US Economy: 1973—2003", *Cambridge Journal of Economics*, 32, 863—886.

[186]Park, J., 2016, "The Impact of Depreciation Savings on Investment: Evidence From the Corporate Alternative Minimum Tax", *Journal of Public Economics*, 135: 87—104.

[187]Piggott, John, Whalley, John, 2001, "VAT base broadening, self supply and theinformalsector" [J]. *American Economic Review*, (91):1084—1094.

[188]Shin, H. Y., 2012, "Financialization and Stagnant Corporate Investment in Korea since the Asian Financial Crisis", NBER Working Paper.

[189]Smith,C. W. and R. M. Stulz,1985,"The Determinants of Firms' Hedging Policies",*Journal of Financial and Quantitative Analysis*,20 (4): 391—405.

[190]Stockhammer, E. ,2004,"Financialization and the Slowdown of Accumulation",Cambridge Journal of Economics.

[191]Stulz,R. M. ,1996,"Rethinking Risk Management",*Journal of Applied Corporate Finance*,9(3),8—25.

[192]Beck, T. , Lin, C. and M. A. Yue, 2014, "Why Do Firms Evade Taxes? The Role of Information Sharing and Financial Sector Outreach", *Journal of Finance*,69(2): 763—817.

[193]Zwick,E. and Mahon,J. ,2017,"Tax Policy and Heterogeneous Investment Behavior",American Economic Review,107(1): 217—248.

[194]Cai,X. Y. Lu,M. Wu,and L. Yu. Does Environmental Regulation Drive away Inbound Foreign Direct Investment? Evidence from a Quasinatural Experiment in China [J]. *Journal of Development Economics*,2016,123(1):73—85.

[195]Du,J. ,C. Li and Y. Wang,2016,"A Comparative Study of Shadow Banking Activities of Non-Financial Firms in Transition Economies",*China Economic Review*,46:35—49.

[196]Kliman,A. and S. D. Williams,2015,"Why'Financialization'Hasn't Depressed US Productive Investment",Cambridge Journal of Economics.

后　记

这本书是在我的博士论文基础上整理而成。之所以出版，主要是为了纪念攻读博士学位期间那段令人难忘的时光，也跟风大部分博士出版自己专著的雅向。在前言部分介绍了本书的主要内容和框架，在后记部分，我主要讲一讲我写此书的背景。

在职读博比我想得更艰辛，坚持下来，只是为了完成我大学时的理想，并且我希望我的理想由我自己来实现，我不希望未尽的理想延续到下一代，特别是2015年，随着儿子的出生，我懂得要给小孩更多选择权的重要性。回想起2010年即将硕士毕业的那年，工作和读博是摆在我面前的两条路，其实这不是一个二选一的问题。对于大部分从农村出来的大学生来说，进入社会挣钱是不得不选的道路，读博不仅需要一定的资金支持，还要耗时四到五年，迫使很多家境不是很好的农家子弟不得不选择进入社会工作。我出生于江西九江辖下的一个村庄，祖祖辈辈务农，家里本就没有太多的积蓄，父母送我读完本科和硕士已花了很大的力气，而且现在的农村羡慕财富比羡慕知识要实际得多，大部分人家攀比的都是房子的大小、车子的豪华、金银首饰的多寡等，很少有家庭攀比知识丰富的程度。我父母认为硕士学位足够应对现有的工作，没有太强的意愿和动力来资助我完成博士学位。而且硕士毕业，我已经26岁了，虽然用不着挣钱承担大家庭的费用，但是养活自己、实现经济独立，也是我个人迫切的愿望。

工作的前七年，我是幸运的，我很顺利地进入了海通证券，而且是国内第一批开展信用业务的从业人员，前两年在海通证券系统学习了国内的信用业务，有幸与信用业务行业的专家刘爱华副总、陈颂音老师共事，当然在海通证券我也看到了与学校截然不同的人与人之间的关系，了解了不同人的生存之道，海通证券是我对业务学习和社会认识的第一步。2012年我跳槽去德邦证券后，逐步走上管理岗位。随着工作的稳定，开始重新燃起我读博的兴趣，我要完成之前的理想，也很顺利地通过了学校的笔试和面试，很巧地碰到了我的导师范子英老师。

然而自2015年供给侧结构性改革推出之后,整治金融乱象、防范重大金融风险成为金融监管的重要内容,传导到实体经济,直接导致上市公司及其股东的资金紧张,证券公司在前期高增长期间给上市公司放出去的资金逐步出现坏账,公司层面的人事动荡紧随其后,部门领导层和核心团队也因为业务风险的出现逐步离开,在困难的时候,我必须站出来解决这些坏账,追债成为自2017年至今我的主要工作。一个项目一旦出现坏账,解决它,短则需要一两年,长则需要三五年的时间,何况夹杂着十几个问题项目,耗费了我太多的时间和精力,这也直接导致我原计划的博士论文开题一拖再拖,很长一段时间我都想放弃。范老师找我谈了几次,希望我能根据追债过程中碰到的上市公司实务问题,结合专业内容,完成博士论文的撰写,这不仅有利于博士论文的完成,而且可以深化对资本市场和宏观经济的认识。但2017年和2018年这两年是整个信用业务最为困难的时期,市场流动性日趋紧张,上市公司和大股东的融资渠道逐步被限制,大股东质押融资的问题项目接二连三出现,核心员工也陆陆续续离职,很多项目出现了很危险的信号,我有责任、有义务及时跟上去处理问题,那个时候身不由己,有时候一个月接一个月地在外面出差,一个项目接一个项目地协调、沟通和处理,没有时间来认认真真思考博士论文。但是2019年内部发生的很多事情和2020年开始的疫情突然让我有时间来思考博士论文。

2019年发生的事情让我对很多人与事有了完全不一样的认识,我认识到保存理想对于提高自身修养的重要性。在没有风险事件之前,我觉得大部分人是有理想、有抱负、能做一番事业的,但是出了风险事件之后,我发现大部分人实际上是精致的利己主义者,他们没有那么高的理想,他们没有那么高的道德。以前我觉得大部分人,应该是怀着理想的,面对现实,会有良知、羞耻心、道德和正义,但是对于精致的利己主义者来说,现实是自己的,理想是他人的,现实远大于理想,他们为了现实,有太多的理由:置换工作需要长期规划,当下要平稳,不能出大乱子,下属需要为当前的平稳铺桥架路,即使牺牲他人;收入待遇高,换工作的成本也高;习惯了指点江山,喜欢一大群人跟着,不能因为一个部门一个项目出问题;年终奖还没有发;前期人员已经离职,没有可核对的东西;等等。说白了,他们需要为自己和自己的圈子考虑,这个时候跟他们谈理想就过于迂腐了;在管理权力的金字塔中,理想和道义是苍白无力的,活在当下、活在自己的利益格局中始终是大部分人的选择,这种选择,大部分人是主动为之,说是助纣为虐、随波逐流也可以,说是明哲保身也不错。但我不愿意成为这样的人,我认为在任何时候我们都应该怀抱理想,都应该根据专业来做事,都需要做对的事情,没有人需要为对的事情背锅,即使有这个锅,长期来看,也不会让做对的事情的人来背,该是谁的锅终究是谁的,这样我们才不会失去本心。很多人为了现实而成为没有理想的利己主义者,那是因为现实对很多人很残酷,在残酷的时候谈理想,是很卑微的事情,但是相比于很多人,金融行业的从业人员收入高、待遇好,资产实力雄厚,一个高管一年的收入,我父母一生也挣不到,对他们来说,现实没有那么残酷,根本的原因不是现实问题,是失去了本心,沦落到利益之争。从整个行业的发展历程来看,坚守本心、坚持理想才是最终的生存之道,才是最契合实际的正义,没有理想,终究会陷入约定俗成的利益纠葛,对人、对事、对公司,或许有短期的收益,长期来说只是自娱自乐,终将作茧自缚。

在我处理风险项目的过程中,很多的实控人和上市公司几乎都有类似的经历:在初期,艰苦创业,赶上一个热点,公司得到大力的发展,公司发展之后,人也开始变得轻飘了,不再那么谦虚谨慎,不再听取别人的意见,盲目加杠杆,盲目并购重组,政策收紧后,资金链就全部断了,资产被处理得所剩无几。很多的实控人跟我说,如果回到当初,他们会怎么样怎么样,可惜资本市场没有那么多假设。这对于理想来说,也是这样,一旦迷失本心,失去理想,就很难再回去,一时的所得只是短期的,长期来看,没有了声誉,没有了理想,工作的目的也就剩下养家糊口了,这不是最终的追求,我不愿意沦落至此,我要坚持我的理想。从当前来看,完成博士论文是最基础的,因此从2019年开始在确定好选题后,我开始了博士论文的撰写,也因为疫情,给予我一段可以系统地阅读、写作和修改的时间,让我可以安静地完成这篇论文。回想这几年的历程,我是一边撰写博士论文一边解决坏账一边应对内部的纠纷。

这本书的出版,我要感谢的人很多。感谢导师范子英教授,是老师把我引入博士的大门,给予我最大的包容和理解,范老师事无巨细地指导我博士论文的撰写,大到论文的开题、实证模型的选择、结构的布局、逻辑的建立,小到论文段落的分布、标点符号的修改,老师一一进行修订和提出完善的意见,可以说,没有导师的帮助是不可能完成论文的撰写。

感谢我的硕士导师许培源教授,自本科开始,许老师一直鼓励我继续完成学业的深造,在工作最困难的时候,许老师也一直支持我,让我鼓起勇气克服困难,迎难而上。18年的交往,许老师是我的良师益友。

感谢我的父母,小孩出生以来,虽然不习惯上海的生活,但是父母一直坚持帮助我们,照顾我们的生活起居,帮我们分担生活的压力,没有父母的支持,我们不可能有稳定的生活。

感谢我的爱人，她承担了照顾小孩的大部分工作，给了儿子最多的陪伴、照顾和爱，给了小孩美好的童年，在小孩感冒发烧的时候、在小孩牙牙学语的时候、在小孩上托班的时候、在小孩上幼儿园的时候，她能理解我很多时候的缺席，能顾及我艰辛的追债工作，能独立地照顾和陪伴小孩，在家庭上，我愧疚太多。

感谢我的儿子，他是我的人间四月天，感谢我生命中有他，是他让我知道了为人父母的不易，有他出现，我知道了感恩我的父母，我知道了容忍比自由更重要，我知道人生抉择的重要性。我和爱人努力工作，只希望他长大以后，不用像爸爸妈妈一样，他可以按照他的理想选择合适的道路。

我要感谢我的领导、同事和朋友们，在工作和研究上给予我最大的指导、支持和帮助，我心怀感恩。感谢德邦证券的成磊、顾勇、史家会，华金证券的郭小明、王翔，感谢华创证券的许锟，感谢民生证券的季翔云，感谢光大证券的刘永强，感谢常熟银行的陆晓阳，感谢华宝证券的王晓宇，感谢德邦证券融资融券部的饶璐、黄翌飘、申竹沁、吴天辉、洪波、杨志澜、赵航等。

感谢胡永刚教授，感谢吴一平教授，感谢每一位给我授课和给予我指导的老师，感谢我的同门王倩博士、赵仁杰博士、田彬彬博士、彭飞博士、高跃光博士、张航博士、叶永卫博士、顾晓敏博士、冯晨博士、朱星姝博士、曾艺博士，师门每一次的分享和聚会都让我受益良多，让我明白了学术专业的坚持、努力和百折不挠，感谢石崇博士、徐骥博士、上海政法学院潘汇丰博士、合肥工业大学朱晓曦博士等对于博士论文提出的修订意见。

本书的错误应归于我的学养不足，若有成就，则归于上述诸位师友、领导和同事。

高伟生
2024 年元月